四川省示范性高职院校建设项目成果
校企合作共同编写，与企业对接，实用性强

项目化静态网页设计
简明教程

主　编◎刘清梅　张光辉
副主编◎张俊晖　廖若飞　赵克林

西南交通大学 出版社

内容简介

本书讲解了静态网页设计的方法与技巧。针对静态网页，从认识、制作、美化、规范、评价五个方面，依托个人网、旅游网、企业网等类型的项目，深入浅出地介绍了相关的理论知识和实践技能。

本书内容丰富，项目小巧且代表性强，技术前沿实用，语言简洁流畅，知识介绍通俗易懂，可作为网页设计初学者、大中专院校、网页设计培训班及各种网页设计从业人员的参考书。

图书在版编目（ＣＩＰ）数据

项目化静态网页设计简明教程／刘清梅，张光辉主编. 一成都：西南交通大学出版社，2015.8
ISBN 978-7-5643-4243-2

Ⅰ．①项… Ⅱ．①刘… ②张… Ⅲ．①网页制作工具 – 教材 Ⅳ．①TP393.092

中国版本图书馆 CIP 数据核字（2015）第 204050 号

项目化静态网页设计简明教程

主编　刘清梅　张光辉

责 任 编 辑	李芳芳	
特 邀 编 辑	林　莉	
封 面 设 计	米迦设计工作室	
出 版 发 行	西南交通大学出版社 （四川省成都市金牛区交大路 146 号）	
发行部电话	028-87600564　028-87600533	
邮 政 编 码	610031	
网　　　址	http://www.xnjdcbs.com	
印　　　刷	四川煤田地质制图印刷厂	
成 品 尺 寸	185 mm × 260 mm	
印　　　张	11.25	
字　　　数	281 千	
版　　　次	2015 年 8 月第 1 版	
印　　　次	2015 年 8 月第 1 次	
书　　　号	ISBN 978-7-5643-4243-2	
定　　　价	38.00 元	

课件咨询电话：028-87600533

前 言

离开了 Web 页面，我们基本上就成了信息盲人。现在 Web 页面成了万千信息的汇聚载体，成了万千企事业单位的社会名片，异彩纷呈，无所不有，致使我们生活、工作、学习中不可或缺。

设计、开发一个实用、漂亮的 Web 页面（网站），是 IT 工程师的必备技能之一。网页设计又分为静态网页设计和动态网页设计两种。前者是基础，后者是提高。

本书专讲静态网页设计，是编写团队积十多年网页设计经验之大成，非常适合作为职业院校 IT 类专业学生网页设计课程的入门教材，也可作为网站开发爱好者、Web UI 设计人员的参考书。本书全项目化驱动，引人入胜，可读性强。

本书内容主要分为 4 个模块，各模块内容如下：

模块 1：认识网页

主要讲述网页设计相关的概念常识问题。让读者从全局的角度理解网页、网站及网页设计。

模块 2：制作网页

主要讲述网页排版工具 Dreamweaver 的使用以及网页排版中所用到的 HTML、CSS、简单的 JS 脚本控制等知识，重点讲述了 DIV+CSS 页面布局技术。

模块 3：美化网页

主要讲述网页配色、网页版面设计、页面元素设计、切片及动画设计等内容，引入了美工设计的两个工具 Photoshop、Swish 的应用。在这个模块我们强调的是美工创意及审美能力的培养。

模块 4：规范网页

重点介绍了网站项目建设工作流程及每个阶段下的主要任务。这个模块我们注重的是企业级规范。

附 录：评价网页

本书由四川信息职业技术学院刘清梅、张光辉主编，张俊晖、廖若飞、赵克林担任副主编。其中模块一由刘清梅编写；模块二由张俊晖、刘清梅、张光辉、赵克林编写；模块三由刘清梅、张光辉编写；模块四由廖若飞、刘清梅、张光辉编写。另，在本书的编写中，赵克林教授从思想架构上提出了许多宝贵的意见，也得益于青岛职业技术学院国培老师们的指点。同时，在编写过程中参阅了大量的互联网资料，在这里一并致谢。

本书对应的课程资源已于 2014 年被四川省教育厅授予"省级精品资源共享课程"称号（http：//jpgx.scitc.com.cn/CourseWebSite/index.php?CourseID=32）。

本书疏漏之处在所难免，欢迎广大读者批评指正。纠错邮箱：qm186@163.com。

刘清梅

2015 年 7 月

目　录

模块一　认识网页

【学习目标】

本模块重点解决网页"是什么"的问题，帮助学员了解与网页设计相关的概念，为学习后续内容打基础。通过本模块的学习，学生应能认识并正确理解因特网、万维网的相关概念，认识网页浏览器、多媒体元素，了解网页与网站的区别与联系，了解网页设计常用的工具软件以及网页设计师的从业之路。

【模块导学】

本模块多为识记、理解性知识。建议同学们带着如下问题边思考边学习：

1. 什么是因特网、万维网？它们有什么区别与联系？
2. 什么是浏览器？常见的主流浏览器有哪些？
3. 什么是媒体？什么是多媒体、超媒体和富媒体？它们的主要作用和呈现形式是什么？
4. 什么是网站？什么是网页？它们之间有着怎样的关系？
5. 一个完整的网站应包括哪些资源？
6. 常用的网页制作工具有哪些？

其中，重点是理解富媒体、网站和网页的含义。

学习时，同学们可以先查阅资料，以帮助理解。课后可组织相互交流讨论，作对比性的学习，以更深入地理解本模块内容。

1.1　对一些问题的思考

【教学内容】

1. 什么是因特网、万维网、浏览器？
2. 什么是多媒体、超媒体、富媒体？
3. 什么是网页和网站？
4. 什么是网页设计？
5. 网页设计师的发展之路是什么？
6. 网页设计与制作的常用工具有哪些？

【教学目的】

帮助学生了解与网页设计的相关概念，为学习后续内容打基础。通过本模块的学习，学生应能认识并正确理解因特网、万维网的一些概念，认识网页浏览器、多媒体元素，了解网页与网站的区别与联系，了解网页设计常用的工具软件以及网页设计师的从业之路。

【重难点】

重点：因特网、万维网、超媒体、网页、网站的含义。

难点：多媒体、超媒体、富媒体的区别，因特网和万维网的区别，网站的含义。

【教学方法】

传统讲授法与提问、启发、讨论相结合。

【建议学时】

2 学时。

1.1.1　什么是因特网、万维网、浏览器？

1．什么是因特网？

因特网是 Internet 的翻译，是一组全球信息资源的总汇。它是基于一些共同的协议，通过许多路由器和众多信息终端互联而成的。粗略地说，Internet 是由许多小的网络（子网）互联而成的逻辑网，每个子网中连接着若干台计算机（主机）或信息终端设备，其作用是相互交流信息资源。

2．什么是万维网？

万维网（WWW，英文全称为"World Wide Web"，中文翻译为世界宽边网络、环球网等）外在表现为 Web 服务。一个完整的 Web 服务常分为两部分，即 Web 客户端（常用浏览器）和 Web 服务器上的程序。　WWW 可以让 Web 客户端访问并浏览 Web 服务器上的页面。Web 服务器上的页面是若干个网络站点和网页的集合，由"统一资源定位符"（URL）标识，通过点击链接来获得资源，并通过超文本传输协议传送给用户。

万维网与因特网的区别与联系如下：

区别：

（1）在因特网上，可以找到许多联网的计算机或信息终端；而在万维网上，可以找到各种文件、声音、录像等信息。

（2）在因特网上，通过计算机之间的电缆进行相互连接；而在万维网上，通过超链接进行信息展示和互相联系。

联系：

（1）万维网之所以存在，是因为因特网上的计算机之间需要交流信息资源。没有了因特网，万维网也就不存在了。

（2）万维网使得因特网更有价值，因为人们真正感兴趣的是信息，而不是连接到因特网的计算机和电缆。

【结论】

简单地说，因特网像信息时代的高速公路和车站，而万维网是奔跑在信息高速公路和停在信息车站上的列车。

3. 什么是浏览器？

浏览器是 Web 服务的客户端，是用来展示 Web 上的信息（通常以网页的形式表现）的媒介。通过浏览器，用户可以在浩瀚的 Internet 海洋中漫游，搜索并浏览自己感兴趣的所有信息。浏览器是连通用户与 Internet 服务器的媒介，启动计算机中的浏览器，它就会按照地址栏中的地址找到网页文件并显示在屏幕上。常见的浏览器有：IE、火狐、谷歌等。

1.1.2 什么是多媒体、超媒体、富媒体？

1. 什么是媒体？什么是多媒体？

媒体（media）是信息的载体，是人与人之间信息交流的媒介。

音频和视频技术的出现使信息的载体更为丰富，人们把多种媒体（两种或两种以上）下承载的信息叫作多媒体，一般包括：文字、声音和图像等媒体形式，如：音响和电视。

计算机及网络技术的出现使人与人之间信息交流的媒介由电视、收音机、报纸延伸到了互联网、电脑、iPad、MP3（MP 4、MP 5）等电子设备，于是产生了超媒体的概念。

2. 什么是超媒体？

超媒体（hyper media）= 超文本 + 多媒体（即超媒体的子集）。将超文本技术应用到多媒体中，就产生了超媒体。它是使用超链接（hyperlink）构成的全球信息系统。

超媒体出现前，媒体作品使用光盘、磁带等存储、发行；超媒体出现后，媒体作品将则更多地使用磁盘存储、网络发行。

3. 什么是富媒体？

富媒体（rich media）是在多媒体基础上，整合视频、音频、动画、图像、双向信息通信和用户交互功能的新一代网络广告解决方案。它不是一种具体的互联网媒体形式，而是具有动画、声音、视频和交互性的信息的传播方法，旨在提供更丰富和多感官的接触机会以及精美细腻的创意展现。

富媒体包含以下常见形式之一或者几种形式的组合：流媒体，声音，Flash，以及 Java、Javascript、DHTML 等程序设计语言。

富媒体可应用于各种网络服务中，如：WebDesign、Email、Banner、Button、弹出式广告、插播式广告等。

超媒体是由超文本技术的发展而来的，那它与本门课究竟有着怎样的联系呢？网站、网页究竟是什么呢？究竟它们是如何制作出来的呢？下面继续来深入了解。

1.1.3　什么是网页、网站？

简单地说，超媒体技术就是借助 HTML（超文本传输标记语言）来实现的。利用 HTML 编辑的文档叫作网页。通过浏览下面网站的网页，可感知什么是网站以及什么是网页。

- 新浪：www.sina.com
- 腾讯：www.qq.com
- 网易：www.163.com
- 联想：www.lenovo.com
- 清华：www.tsinghua.edu.cn
- 川大：www.scu.edu.cn
- 川信职院：www.scitc.com.cn
- 政府网：www.gov.cn
- 百度：www.baidu.com
- 网址之家：www.hao123.com
- 工商银行：www.icbc.com.cn
- 土豆网：www.tudou.com
- 淘宝网：www.taobao.com
- 京东商城：www.360buy.com
- 驾校一点通：www.jxedt.com
- 世纪佳缘：www.jiayuan.com

通过对以上网页观察，可知：网页是一些信息的载体，是由文字、图像、声音、视频、动画等各种形式组成的信息集；一个网站中有若干个网页，具有传递信息、宣传和展示产品、电子商务运营、提供咨询服务、收集信息以达到双向沟通等功能。

1. 网站的分类

通过对以上网页观察，还可以感受到有形如新浪、腾讯等的信息综合门户网，有形如驾校一点通的行业网，有形如淘宝、京东的电子商务网，有供人们听音乐看电影的娱乐网，还有博客等个人网以及专供手机浏览的 WAP 网，这是按网站用途对网站的分类。

人们平常上网时还可以感受到有的网站是以营利为目的，而政府网等又是非营利性的，这是按网站的商业目的对网站进行的分类。

既然有以营利为目的的网站，那网站的营利模式有哪些呢？网站的营利模式有出卖广告位、收取会员费、提取经纪费、获得联盟收益等。

2. 网站的组成

- 主机（服务器）：存放网站资源的地方，可自建、购买、租用或托管。
- 域名：俗称网址，需向服务商购买。如：scitc.com.cn。
- 资源：由网页文件、文字、图像等组成，可被网民浏览的信息资源文件。

1.1.4 什么是网页设计？

有了对网站、网页的了解，那么千变万化的网页究竟是如何制作的呢？我们大致可以通过以下步骤对网页进行设计制作，即

- 对文本的处理；
- 对图像的处理；
- 对动画的处理；
- 页面布局排版；
- 脚本编写。

只有掌握以上五个步骤的关键环节，才能有效地设计出一个网站来，将来才能在企业担任网页设计师的职务。那么，网页设计师是一个什么职位？究竟有无发展前景呢？

1.1.5 网页设计师的发展之路是什么？

网页设计师就业可以进设计公司，从事网页设计、网络广告设计；也可以进大型企业从事美术制作；还可以在互联网企业从事 UI 设计、前端制作、SEO 优化等。网页设计师的晋升之路一般分为执行、设计师、指导、设计总监。

1.1.6 网页设计与制作工具有哪些？

"工欲善其事，必先利其器"，要想学好网页设计并在这条路上很好地走下去，要先了解需要掌握的一些工具软件。在这里介绍以下几个：

（1）网页"三剑客"：一套强大的网页编辑工具，最初是由 Macromedia 公司开发出来的，由 Dreamweaver、Fireworks、Flash 三个软件组成，俗称"三剑客"，如图 1-1-1 所示。三款软件能相互无缝合作。

图 1-1-1　网页三剑客

其中，Dreamweaver 是专业的可视化网页设计编辑、网站管理、维护的工具。其特点是能够快速创建各种静态、动态网页。

（2）Frontpage：如图 1-1-2 所示，是微软公司出品的一款网页制作入门级软件。FrontPage 使用方便简单，"所见即所得"是其特点。该软件结合了设计、程式码、预览三种模式。但微

软在 2006 年年底前停止了对 FrontPage 软件的升级与维护。

图 1-1-2　Frontpage

（3）Adobe Photoshop：如图 1-1-3 所示，简称"PS"，是一款由 Adobe Systems 开发和发行的图像处理软件。Photoshop 主要处理以像素构成的数字图像。使用众多的编修与绘图工具，可以更有效地进行图片编辑工作。2003 年，Adobe 公司将 Adobe Photoshop 8 更名为 Adobe Photoshop CS，最新版本为 Adobe Photoshop CS6。Photoshop 的应用领域非常广泛，在图像、图形、文字、视频、出版等各方面都有所涉及。

图 1-1-3　Photoshop

（5）Swish：如图 1-1-4 所示，它是一款能快速、简单地制作 Flash 动画的软件。只要点几下鼠标，就可以让你的网页有令人注目的酷炫动画效果。它可以创造形状、文字、按钮以及移动路径，也可以选择内建的超过 150 种诸如爆炸、漩涡、3D 旋转以及波浪等预设的动画效果，还可以用新增动作到物件，来建立新效果或制作一个互动式电影。

图 1-1-4　Swish

另外在网页编码部分，还可以用一些文本编辑器，如 EditPlus 等。

【习　题】

1. 网页设计中最重要的是什么？
2. 如何把反映主题的内容按照设计的形式表现给读者呢？

1.2 模块小结

1.2.1 模块重难点指导

1.2.1.1 因特网与万维网

1. 因特网

因特网是为建立资源共享而搭建的全球计算机等硬件设备的互联平台。它重点强调的是硬件互联环境，提供的是网络通信服务，核心元素是路由器、交换机、服务器和 PC 终端等，如图 1-2-1 所示。

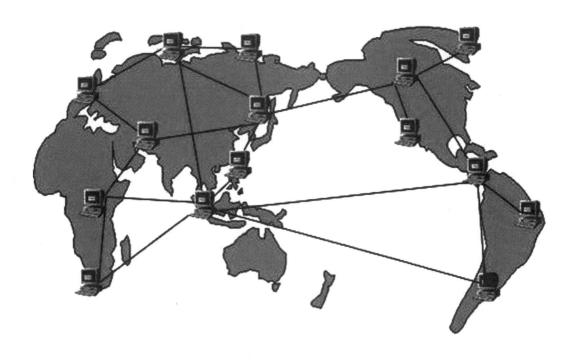

图 1-2-1　因特网示意图

2. 万维网

万维网是在因特网中为大家提供信息服务的各个软件系统，即无数个网络站点和网页的集合，如图 1-2-2 所示。它强调的是软因素，提供的是信息服务。其核心元素是万维网站，因此可以说万维网只是因特网的一个部分，是其子集。

网络是否连通、速度的快慢主要由因特网决定，网络内容是否精彩、资源是否丰富主要由万维网决定。在因特网上，通过计算机之间的电缆进行相互连接；而在万维网上，通过超文本链接进行相互连接。

图 1-2-2　万维网示意图

1.2.1.2　多媒体与超媒体

1. 多媒体

多媒体（multimedia）：声音和视频技术的结合。实际上它是在传统媒体基础上增加了声音和视频。可以承载在电视、光盘、电脑等设备上，如图 1-2-3 所示。

图 1-2-3　多媒体示意图

2. 超媒体

目前人与人之间信息交流的媒介由电视、收音机、报纸等延伸到了互联网、电脑、iPad、MP4、MP5 等电子设备，于是出现了超媒体的概念。

超媒体系统是使用超链接（hyperlink）构成的全球信息系统，可以简单地理解为运行在万维网上的各个网页和网站，如图 1-2-4 所示。由它提供的内容更加精彩、丰富、动人。

图 1-2-4　超媒体示意图

1.2.1.3　网页与网站

1. 网　页

网页就是一个用来呈现网络信息内容而编辑的文档文件。它通过 HTML 技术把文字、图片、声音、视频等各种资源组织在一起呈现出来，如图 1-2-5 所示。网页是构成网站的基本元素。通常情况下，网页可以分为静态网页和动态网页。

图 1-2-5　网页示意图

2. 网　站

狭义上讲，网站是由许多网页、脚本程序、图片、音频、视频等组成的资源集合。

广义上讲，网站除了网页、脚本程序、图片、音频、视频等资源外，还包括服务器空间（主机）和域名地址，如图 1-2-6 所示。

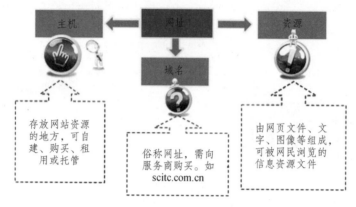

图 1-2-6　网站示意图

1.2.2　模块测试题

一、选择题

1. 因特网上的服务都是基于某一种协议，Web 服务是基于（　　　）。

A. SMTP 协议 B. SNMP 协议

C. HTTP 协议 D. TELNET 协议

2. 编写 Web 页面语言的 HTML 的全称是 Hyper Text Markup Language，中文名为（　　　）。

A. Java 描述语言 B. Visual Basic 描述语言

C. 可扩展标记语言 D. 超文本标记语言

3. 所有与 Internet 相连接的计算机必须遵守一个共同协议，即（　　　）。

A. HTTP B. IEEE 802.11

C. TCP/IP D. IPX

4. FTP 代表的是（　　　）。

A. 电子邮件 B. 远程登录

C. 万维网 D. 文件传输

5. Internet 中，主机的域名和主机的 IP 地址两者之间的关系是（　　　）。

A. 完全相同，毫无区别 B. 一一对应

C. 一个域名对应多个 IP 地址 D. 一个 IP 地址对应多个域名

6. 一般来说，网页主要是由（　　　）两个方面的因素组成。

A. 新闻和广告 B. 文字和图像

C. 音乐和电影 D. 广告和电影

二、填空题

1. WWW 的全称是 World Wide Web，意思是全世界范围的网络，正式的翻译是_____。从计算机技术来说，就是通过_____提供的一种应用服务。组成该应用服务的就是一个个的网页，一个网页其实就是一个_____文档。

2. 无数的网络站点由统一资源定位符（URL）标识，通过点击_____来获得资源，通过_____协议传送给使用者。

3. 1994 年 10 月麻省理工学院蒂姆·伯纳斯·李发起成立万维网联盟_____。

4. 多媒体是超媒体的子集，超媒体是在多媒体的基础上融入了_____技术。

5. 富媒体（rich media）是一种不需要大众安装任何插件就可以播放的整合_____、_____、动画图像、_____和用户交互功能的新一代网络广告解决方案。它不是一种具体的互联网媒体形式，而是指具有动画、声音、视频和_____的_____方法。

6. Adobe 公司出品的优秀平面处理软件_____，在设计网页过程中实际使用较多。

7. 最初由 Macromedia 公司开发的一套强大的可视化网页编辑工具是_____。它集网页编辑、网站管理、维护等功能为一身。

8. 最初由 Macromedia 公司开发的_____是一款强大的 SWF 动画制作软件，_____可以替代 Flash 快速的制作简单网页小动画。

三、简答题

1. 试简述因特网与万维网的区别与联系。
2. 试简述网站组成三要素。
3. 简述网页设计中最重要的两个方面。
4. 请写出四个以上互联网主流浏览器。
5. 试简述媒体的概念，并列举出四类以上的现代化媒体传输介质。
6. 试简述网页的作用。

模块二　制作网页

【学习目标】

本模块解决"怎么做"网页的问题，侧重网页排版技术的应用，内容较多，是静态网页设计与制作的核心内容。通过对本模块的学习，学生应能够熟练编辑网页中的文本元素，能正确插入图像、动画、视频等；熟悉超级链接标记，能按要求设置各种超级链接；能够使用表格编排数据，理解表单的相关知识，并能使用表单设计复杂的交互界面；重点掌握 CSS 的相关知识，能独立运用 DIV、CSS 进行一般的界面布局排版。

【模块导学】

本模块的主要知识是界面排版和布局，需要同学们重点掌握页面布局和 DIV+CSS 的排版技术。

【学习建议】

1. "依葫芦画瓢"，反复练习

为了更好地学习本模块，建议上网找一些你所感兴趣的简单页面（见图 2-1），进行布局排版。排版不要求华丽漂亮，但要实现它的框架结构（见图 2-2），反复练习几个页面，基本上就能较好地掌握布局排版中的一些知识和技巧。

图 2-1　练习页面

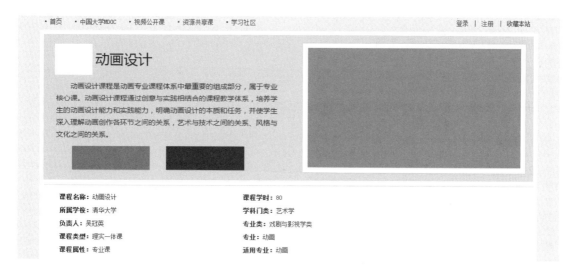

图 2-2　自己实现出来的效果

在练习过程中，要特别注意定位技术的应用，正确选择不同场合适用的定位手段。

2. 分组协作，交流讨论

建议学生以 2～3 个人（不宜过多）为一组，一起制作网页，一起讨论学习，这样更利于理解和掌握相关知识。

2.1　项目一　个人站点及主页操作

【教学内容】

1. Dreamweaver 界面。
2. 静态站点的创建。
3. 静态网页文档的基本操作。
4. 分析网页文档的 HTML 文档结构及 HTML 标记特点。

【教学目的】

1. 了解 Dreamweaver 工作界面。
2. 掌握静态站点的创建。
3. 掌握静态网页文档的基本操作。
4. 掌握 HTML 文档基本语法结构。
5. 掌握 HTML 标记特点。

【重难点】

重点：掌握静态站点的创建 、静态网页文档的基本操作、HTML 文档基本语法结构及标记特点。

难点：HTML 基本语法结构。

【教学方法】

讲授、提问、讨论、演示和案例分析相结合。

【建议学时】

2 学时。

2.1.1　子项目 1　认识 Dreamweaver 工作环境

Dreamweaver 工作环境如图 2-1-1 所示。

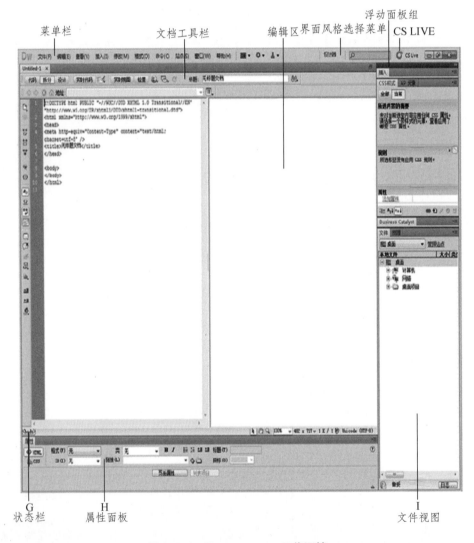

图 2-1-1　Dreamweaver 工作环境

1. 菜单栏

主窗口中的菜单栏对整个环境下的所有窗口提供菜单控制。这些菜单允许用户方便地管理整个主窗口的布局，配置 Dreamweaver 环境，获得在线帮助。

（1）"文件"菜单：包含"新建""打开""保存""保存全部"等命令，用于查看当前文档或对当前文档执行操作。例如：在浏览器中"预览"和"打印"代码。

（2）"编辑"菜单：包含选择和搜索命令。例如："选择父标签"和"查找和替换"。"编辑"菜单还提供对 Dreamweaver 菜单中"首选参数"的访问。

（3）"查看"菜单：可以显示文档的各种视图。例如："设计"视图和"代码"视图。还可以显示和隐藏不同类型的页面元素和 Dreamweaver 工具及工具栏。

（4）"插入"菜单：提供"插入"栏的替代项，用于将对象插入文档。

（5）"修改"菜单：通过它可以更改选定页面元素或项的属性，用来编辑标签属性或更改表格和表格元素，并且为库项和模板执行不同的操作。

（6）"文本"菜单：可以用来轻松地设置文本的格式。

（7）"命令"菜单：提供对各种命令的访问，包括根据格式首选参数"设置代码格式"的命令、"创建相册"的命令等。

（8）"站点"菜单：提供用于管理站点以及上传和下载文件的菜单项。

（9）"窗口"菜单：提供对 Dreamweaver 中的所有面板、检查器和窗口的访问。

（10）"帮助"菜单：提供对 Dreamweaver 文档的访问，包括关于使用 Dreamweaver 以及创建 Dreamweaver 扩展功能的帮助系统，还包括各种语言的参考材料。

2. 文档工具栏

文档工具栏中包含各种按钮，这些按钮可以快速切换文档的不同视图，包括"代码"视图、"设计"视图、同时显示"代码"和"设计"视图的"拆分"视图。工具栏中还包含一些与查看文档、在本地和远程站点间传输文档有关的常用命令和选项。

（1）显示代码视图：仅在"文档"窗口中显示"代码"视图。

（2）显示代码视图和设计视图：在"文档"窗口的一部分中显示"代码"视图，而在另一部分中显示"设计"视图。当选择了这种组合视图时，"视图选项"菜单中的"在顶部查看设计视图"选项变为可用，可使用该选项指定在"文档"窗口的顶部显示视图的方式。

（3）显示设计视图：仅在"文档"窗口中显示"设计"视图。

（4）标题：允许用户为文档输入一个标题，显示在浏览器的标题栏中。如果文档已有标题，则该标题将显示在该区域中。

（5）没有浏览器/检查错误：使用户可以检查跨浏览器兼容性。

（6）文件管理：显示"文件管理"弹出菜单。

（7）在预览/调试：在浏览器中预览或调试文档。从弹出的菜单中选择一个浏览器。

（8）刷新设计视图：当用户在"代码"视图中进行更改后刷新文档的"设计"视图。

（9）视图选项：允许用户为"代码"视图和"设计"视图设置选项。

3. 编辑区

允许在此区域直接对代码试图活着设计视图进行编辑与修改。

4. 界面风格选择菜单

允许在此处直接选择 Dreamweaver 界面风格，如设计器、编码器等。

5. 浮动面板组

Dreamweaver 面板组中选定的面板显示为一个选项卡。每个面板组都可以展开或折叠，并且可以和其他面板组停靠在一起（或取消停靠）。面板组还可以停靠到集成的应用程序窗口中，以便更容易地访问所需的面板，而不会使工作区变得混乱。用户可以通过"编辑/首选参数"设置面板首选参数。

6. CS Live

CS Live 提供各种联机服务。

7. 状态栏

（1）标签选择器：显示环绕当前选定内容的标签的层次结构。单击该层次结构中的任何标签可以选择该标签及其全部内容。比如：单击 <body> 可以选择文档的整个正文。

（2）窗口大小：弹出菜单（仅在"设计"视图中可见）用来将"文档"窗口的大小调整到预定义或自定义的尺寸。"窗口大小"弹出菜单的右侧是页面的文档大小和估计下载时间。

8. 属性面板

允许用户方便的在此处编辑结点属性，如颜色、字体等。

9. 文件视图

允许用户方便的在此处查看计算机或站点上的文件，并可对其进行操作，同时也可在此对站点进行管理。

2.1.2　子项目2　个人站点的创建与管理

Web 站点是对 Web 中用到的资源的存储与管理。在 Dreamweaver 中创建和管理站点，实际上是建立 Dreamweaver 与磁盘站点文件夹之间的关系，通过这个关系。Dreamweaver 可以方便地管理站点文件夹中网站的资源。为了达到最佳效果，在创建任何 Web 站点页面之前，应对站点的结构进行设计和规划，决定站点的存放位置、资源类型及目录结构。

1. 规划个人站点

在规划个人站点目录之前，应了解站点目录结构应当遵循的几个原则：
（1）不要将所有文件都存放在根目录下。
（2）按栏目内容分别建立子目录。
（3）在每个主目录下都建立独立的 images 目录。
（4）目录的层次不要太深。
（5）切忌使用中文目录。

（6）不要使用过长文件名的目录。

（7）尽量使用意义明确的目录。

根据以上基本原则，将个人站点存放位置及目录结构规划如下：

（1）存放在 C 盘根目录下，在根目录下新建文件夹"test"作为以下站点文件夹。

（2）站点中的网页资源存放在"test"文件夹根目录下。

（3）在"test"文件夹中新建名为"images"的文件夹，网页中用到的素材资源存放在该文件夹内。

2. 创建个人站点

（1）打开 Dreamweaver，选择"站点"→"管理站点"，出现"管理站点"对话框。单击"新建"，从弹出式菜单中选择"站点"，如图 2-1-2 所示，在该对话框中输入站点名字，同时可以设置站点文件夹。

（2）选择"服务器"。首先点击弹出菜单的"+"号，输入服务器名称，选择连接方式为"本地/网络"，设置"服务器文件夹"和"Web URL"，如图 2-1-3 所示。

（3）选择"高级设置"。出现一个子菜单，选择"本地信息"，设置"默认图片文件夹"和"链接相对于"选项，如图 2-1-4 所示。

（4）单击"保存"完成设置，此时，站点建立完成，完成后站点管理窗口如图 2-1-5 所示，创建好后的站点在文件面板中如图 2-1-6 所示。

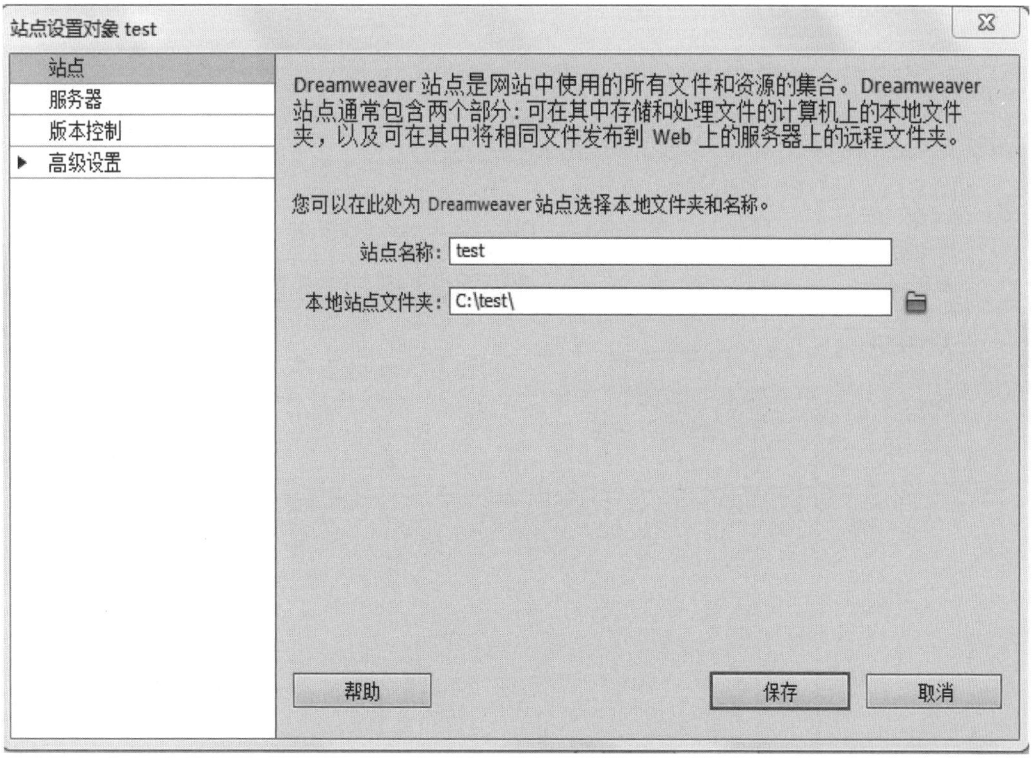

图 2-1-2　站点向导（1）

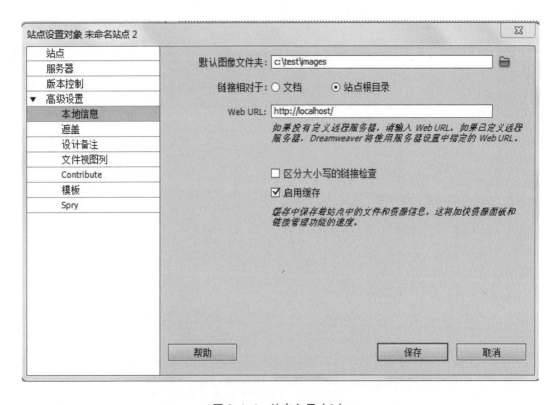

图 2-1-3　站点向导（2）

图 2-1-4　站点向导（3）

图 2-1-5　站点管理窗口

图 2-1-6　文件面板

3. 管理个人站点

站点创建好后，可以通过站点管理器对站点进行再编辑、复制、删除及导入、导出等操作，常用的是再编辑与删除两个功能。点击"站点"→"管理站点"，选择"编辑命令"，弹出站点编辑向导，可以对站点设置进行修改。选择建立好的站点名称，点击"删除"，被选中的站点即可被删除。

4. 站点内资源操作

站点建立好后，用户可以在文件面板里看到相应的站点内的所有资源，即硬盘上站点文件夹中的所有内容信息。右键点击站点名，可以在站点内新建和管理文件或文件夹。同时也可以选择编辑命令，对建好的文件或文件夹进行删除等基本操作。

2.1.3　子项目 3　个人主页的创建与管理

1. 新建个人网页文档

通过"文件"→"新建"命令创建文档，弹出如图 2-1-7 所示的对话框，选择"基本页"→"HTML"即可创建 HTML 文档。

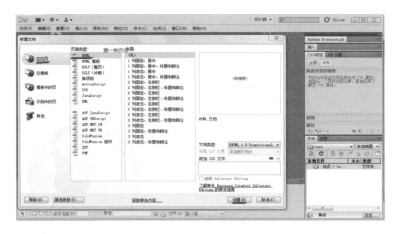

图 2-1-7　新建页面（1）

通过文件菜单引导页也可以创建个人网页的 HTML 文档，如图 2-1-8 所示。

图 2-1-8　新建页面（2）

保存个人网页文档为"index.htm"。效果如图 2-1-9 所示。

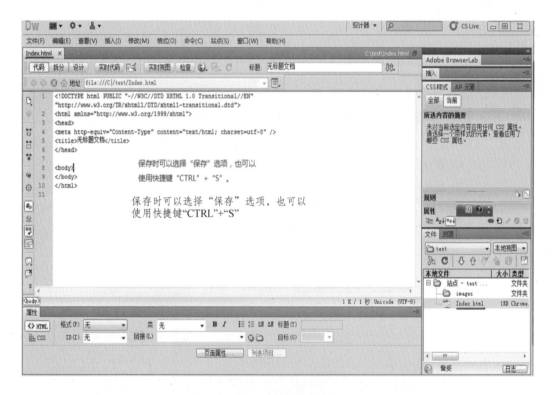

图 2-1-9　保存网页

选择"文件"→"另存为"，在"另存为"对话框中，*.htm *.html 浏览到站点本地根文件夹下，填入文件名，保存后退出。

注意：网页文档的保存格式为"*.htm"或"*.html"，一个站点的首页或起始页一般命名为"index"或"default"。

2. 个人主页的 HTML 框架结构分析

点击文档工具栏的"拆分"视图模式，把"index.htm"切换到"混合模式"视图，查看空白页面的 HTML 代码，如图 2-1-10 所示。

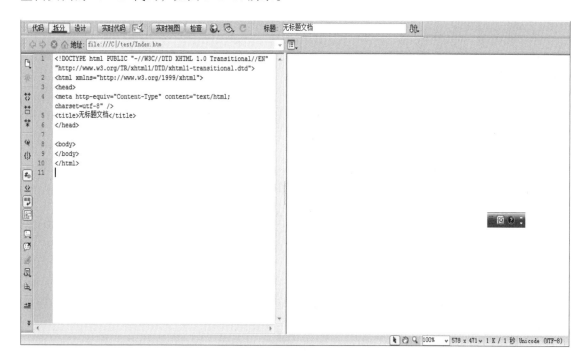

图 2-1-10　基本 HTML 框架

HTML 文档分为文件头（head）和文件体（body）两部分。文件头对这个文件进行了一些必要的定义，而文件体的部分才是要显示在网页中的各种信息。HTML 文档的框架结构如图 2-1-11 所示。

```
<html>
        <head>
                头部信息
        </head>
        <body>
                文档主题信息，即显示在浏览器主窗体中的信息
        </body>
    </html>
```

图 2-1-11　HTML 文档的框架结构

<html>标记是告诉浏览器这是 HTML 文件的开始，最后一个</html>用来告诉浏览器 HTML 文档的终止位置。

<head>与</head>标记之间是文件的头部信息，在浏览器中，头部信息是不被显示的，只能显示在浏览器的标题栏里。

<body>与</body>标记之间的程序是正文部分，显示在浏览器窗口内。因此，凡是要在网页中显示的信息，相应的程序都要写在此对标记之间。

【小　结】

本节依托个人网站项目，讲解了 Dreamweaver 工作界面、站点的管理和静态网页文档的基本操作，以及网页文档的基本语法格式。

【习　题】

一、填空题

1. HTML（超文本标志语言）是英文_____的缩写。

2. _____标志用于 HTML 文档的最前边，用来标识 HTML 文档的开始。

3. HTML 文档的扩展名为_____或者_____。

二、选择题

1. HTML 是一种页面（　　）型的语言。

A. 程序设计　　　　　　　　　　B. 执行

C. 编译　　　　　　　　　　　　D. 描述

2. 为了标识一个 HTML 文档应该使用的 HTML 标记是（　　　）。

A. <P>与</P>　　　　　　　　　B. <body>与</body>

C. <html>与</html>　　　　　　D. <table>与</table>

3. HTML 中，用来表示主题标签的是（　　　）。

A. <head>与</head>　　　　　　B. <body></body>

C. <title>与</title>　　　　　　D. <html>与</html>

三、问答题

1. 如何进行站点管理及站内 HTML 文档的创建？

2. 什么是 HTML？一个简单的 HTML 文档至少应该包括哪些标记？

四、模仿练习

模仿本节课内容，创建个人站点，并制作简单的一句话网页，切换网页视图模式为"拆分视图"，观察文档基本语法格式。

2.2　项目二　个人主页中文本元素编辑

【教学内容】

1. Dreamweaver 中文本的编辑方法。
2. HTML 中文本标记的应用。

【教学目的】

1. 掌握 Dreamweaver 中文本的编辑方法。
2. 掌握常用文本的 HTML 标记的应用。

【重难点】

重点：Dreamweaver 中文本的编辑方法和 HTML 中文本标记的应用。
难点：HTML 中文本标记的应用。

【教学方法】

提问、讨论、案例分析、演示相结合。

【建议学时】

2 学时。

2.2.1　案例项目分析

某简单个人网页如图 2-2-1 所示。

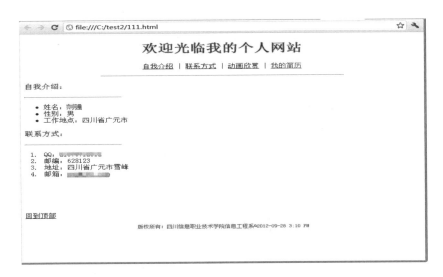

图 2-2-1　简单个人网页效果图

问题 1：在网页中大家看到了什么？

◆ 不同颜色、不同大小、摆放在不同位置的文字；
◆ 位置不同、大小不同的灰色线条；
◆ 项目列表；
◆ 特殊字符等。

问题 2：这些元素是如何制作的呢？

2.2.2 项目制作

（1）在上节课新建的网页的设计视图的工作区域空白处输入文字"欢迎光临我的个人网页"，选中文字，在 Dreamweaver 下方的属性面板上设置其段落属性为"标题 1"，对齐方式为"居中"，修改其颜色为"红色"，如图 2-2-2 所示。

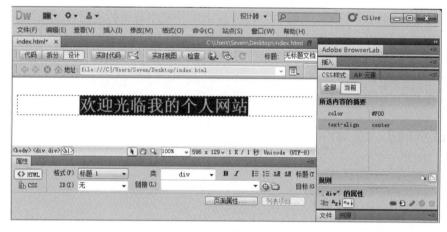

图 2-2-2　标题设计

（2）光标定位在"欢迎光临我的个人网页"后面，按【Enter】键，点击"插入"栏，选择"HTML"选项，单击"水平线"按钮，在"欢迎光临我的个人网页"下面插入一条水平线，如图 2-2-3 所示。

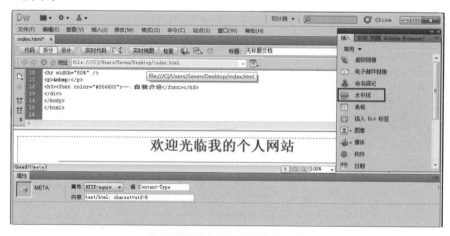

图 2-2-3　插入水平线

（3）选中水平线，设置水平线属性，如图 2-2-4 所示，对齐中包含了左、右、中三种对齐方式。

图 2-2-4　对齐方式属性

（4）在水平线后面按【Enter】键，输入"一、自我介绍"，选中该文本，设置其属性，如图 2-2-5 所示。

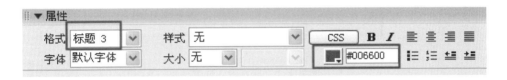

图 2-2-5　设置字体属性

（5）重复步骤（2）插入水平线，设置水平线属性，如图 2-2-6 所示。

图 2-2-6　属性设置

（6）输入"姓名""性别""出生年月""毕业院校""所学专业"等几行文字，每行的结尾按【Enter】键换行。

（7）选中这四行文字，切换"常用工具栏"为"文本选项"，点击其上的"项目列表"，如图 2-2-7 所示。完成后效果如图 2-2-8（区域 1）所示。

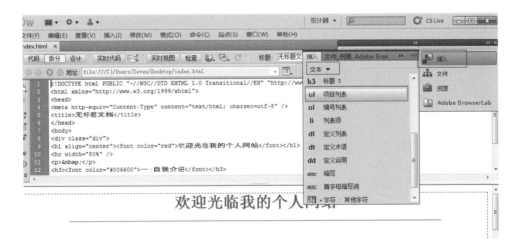

图 2-2-7　属性设置后的效果

（8）重复步骤（4）~（6），制作联系方式部分，如图2-2-8（区域2）所示。

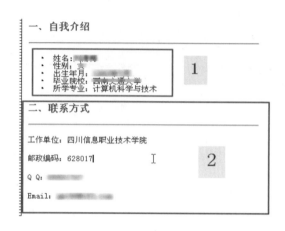

图2-2-8 联系方式部分

（9）选中联系方式的四行文字，切换"常用工具栏"为"文本选项"，点击其上的"编号列表"。完成后效果如图2-2-9所示。

图2-2-9 项目列表插入

（10）重复步骤（2）插入页面底部的水平线并设置其属性。

（11）输入版权信息，设置其属性为"居中对齐"，版权符号的插入如图2-2-10所示。

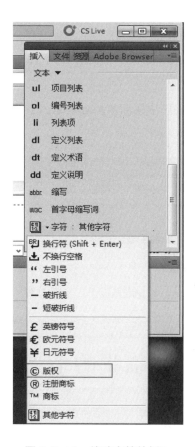

图 2-2-10 特殊字符的插入

（12）日期的插入如图 2-2-11 所示。

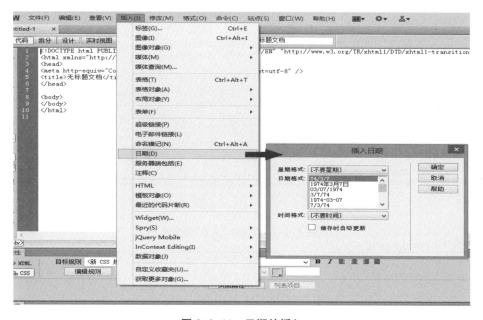

图 2-2-11 日期的插入

2.2.3 项目中用到的文本标记分析

1. 混合模式视图

把网页切换到"混合模式视图",分析各页面元素的 HTML 标记,如图 2-2-12 所示。选中设计视图中的内容,系统将自动在代码视图模式中显示相应的代码。

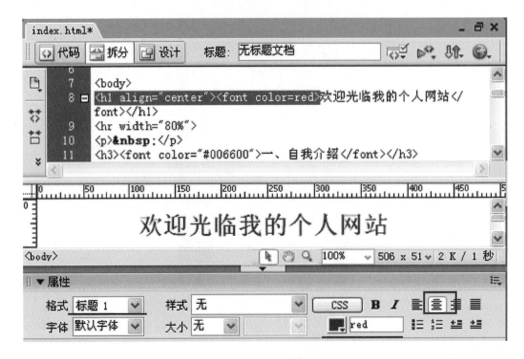

图 2-2-12 混合模式

2. 标题文字标记(hn)及文本控制标记(font)

(1)标题标记<hn>与</hn>。

标题标记是双标记,控制文字写在<hn>与</hn>之间,其间的文字显示为加粗状态并且前后空一行。n 的取值为 1~6,n 值越大,字号越小。<hn>有对齐方式(align)属性,可设为 left / right / center。

(2)字体标记<font>与</font>。

字体标记为双标记,控制文字写在<font>与</font>之间,字体标记常用属性如表 2-2-1 所示。

表 2-2-1 字体标记常用属性

属性	值	表示
face	机器上常用字体,如:"宋体"、"黑体"等	字体类型
color	left/right/center	字体颜色
size	通常情况下为"1~7"	字体大小

"欢迎光临我的个人网站"设置属性的格式为标题 1，标题居中对齐，红色字体。

对应的代码为：

```
<h1 align="center">
    <font color=red>
        欢迎光临我的个人网站
    </font>
</h1>
```

3. 水平线标记<hr>

<hr>为单标记，即只有开始标记，没有结束标记。常用属性及属性值如表 2-2-2 所示。

表 2-2-2　水平线标记常用属性

属性	值	表示
width	整数	长度
align	left/right/center	对齐方式
color	颜色英文名称或#十六进制颜色值，例如# ff0000	颜色
size	整数	高度
noshade	空值，加上 noshade，水线无阴影	无阴影

网页中的四条水平线从上到下代码依次为：

```
<hr width="80%">
<hr align="left" width="50%">
<hr align="left" width="50%">
<hr align="center" width="80%" noshade>
```

4. 列表标记

列表标记分为有序列表、无序列表和自定义列表，2.2.2 节示例中"自我介绍"的详细内容用的是无序列表标记，而联系方式用的是有序列表标记。

1）无序列表（ul）

无序列表用项目符号来标记无序的项目。

无序列表定义标记为 ul，其属性 type 的常用取值为"disc"（实心圆）、"square"（实心方框）、"circle"（空心圆），li 定义的是列表项。

其语法结构如图 2-2-13 所示。

```
<ul type="" >
    <li>列表内容</li>
    <li>…</li>
</ul>
```

图 2-2-13　无序列表语法结构

自我介绍详细内容的无序列表代码如图 2-2-14 所示。

```
<ul>//type 省略，默认为实心圆
    <li>姓名：刘强</li>
    <li>性别：男</li>
    <li>出生年月：1982 年 7 月</li>
    <li>毕业院校：西南交通大学</li>
    <li>所学专业：计算机科学与技术 </li>
</ul>
```

图 2-2-14　无序列表代码

2）有序列表（ol）

有序列表使用编号来记录项目的顺序。列表定义标记为 ol,其属性 type 的常用取值为"1"、"A"、"a"、"i" 等，可表示顺序，li 表示列表项。

其语法结构如图 2-2-15 所示。

```
<ol type= ""    start= "" >
    <li>列表内容</li>
    <li>…</li>
</ol>
```

图 2-2-15　有序列表语法结构

联系方式详细内容的有序列表代码如图 2-2-16 所示。

```
<ol>//type 省略，默认为阿拉伯数字
    <li>工作单位：四川信息职业技术学院</li>
    <li>邮政编码：628017</li>
    <li>Q Q：68801747</li>
    <li>Email：qm186@163.com</li>
</ol>
```

图 2-2-16　有序列表代码

3）自定义列表

自定义列表不是一个项目序列，而是一系列条目和它们的解释。用 dl 进行列表定义，用 dt 定义系列条目，用 dd 定义条目解释，如图 2-2-17 所示。

```
<dl>
    <dt>川信职院</dt>
        <dd>四川信息职业技术学院</dd>
<dt>交大</dt>
        <dd>西南交通大学</dd>
</dl>
```

图 2-2-17　自定义列表

在浏览器中显示如图 2-2-18 所示。

| 川信职院 |
| 四川信息职业技术学院 |
| 西南交大 |
| 西南交通大学 |

图 2-2-18　自定义列表在浏览器中显示

另外，列表是可以嵌套的，即<li>与</li>之间可以放置 ul、ol 或 dl 等。

5．其他常用文本标记

1）分段标记<p>

格式：<p align=center/left/right>文字</p>。

段落标记为双标记，有开始，有结束。从格式中可以看出<p>是有水平位置（align）属性，该属性取值范围为"left / right / center"。

2）换行标记

换行标记为单标记，即一个
就表示新起一行，无</br>。换行标记中也没有任何属性。

3）文本缩进标记<blockquote>

文本缩进标记是双标记，要缩进的文本放在<blockquote>与</blockquote>之间。

例如：<blockquote><p>缩进文本</p></blockquote>。

4）常用字型控制标记

常用字型控制标记多为双标记，即有开始有结束。要控制的文字放在开始和结束标记之间。效果如表 2-2-3 所示。

表 2-2-3　常用字型控制标记效果

标记	效果演示
<b>　</b>	粗体
<i>　</i>	*斜体*
<u>　</u>	下划线
	下标，例如：Y_2
	上标，例如：X^2

5）常用特殊字符标记

特殊字符标记多为双标记，且标以"&"符号起头，以"；"结束，且标记不放在尖括号中。效果如表 2-2-4 所示。

表 2-2-4　常用特殊字符标记效果

标记	效果演示
	空格
&copy;	©
&amp;	"&"
&quot;	""""
……	……

【小　结】

本节主要介绍了 Dreamweaver 中文本的编辑方法及常用文本的 HTML 标记的应用。

【习　题】

一、选择题

（　　）标志对用来创建一个标有数字的列表；（　　）标志对用来创建一个标有圆点的列表；

A. <ol>与</ol>　　　　　　　　B. <ul>与</ul>

C. <li>与</li>　　　　　　　　D. <dl>与</dl>

二、问答题

1. <hn>标记中 n 的取值范围是多少？
2. 如何在<font>标记中设置文字字体？
3. 有序列表中列表标记和列表项是什么？如何设置序列的类型？
4. 水平线标记是什么？其属性有哪些？

三、模仿练习题

模仿课堂中讲解的示例制作简单个人网页，切换到"拆分（混合）视图"模式，观察各代码所表示的意义。

2.3　项目三　在个人主页中应用多媒体元素

【教学内容】

1. 网页及背景图像、音频、视频和动画的应用及其属性设置。
2. 路径的概念；相对路径和绝对路径的区别。

【教学目的】

1. 掌握网页中图像的应用。
2. 理解网页中音视频文件及 Flash 动画的应用，并能修改其常用属性。

【重难点】

重点：网页中图像及动画的应用、路径的概念。

难点：网页中不同格式视频文件的应用，相对路径与绝对路径的区别。

【教学方法】

提问、讨论、案例分析、演示相结合。

【建议学时】

2 学时。

2.3.1 项目案例分析

某简单个人网页效果图如图 2-3-1 所示。

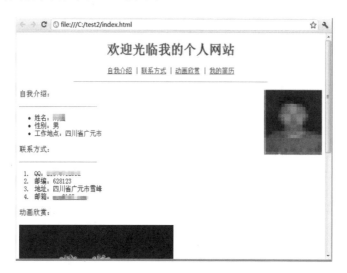

图 2-3-1 简单个人网页效果图

问题 1：该网页和 2.2 节的网页有什么不同？2.2 节示例网页只有文字，本节示例中网页不仅有文字还有图像和动画等多媒体元素的应用。

问题 2：网页中运用的图像，在格式上有什么要求？

问题 3：网页中图像的嵌入方式是什么？是把图像变成代码嵌套在网页中呢？还是做一个图像链接，从而保证网页能把对应位置的图像显示出来呢？如果是后者，网页中图像的路径应该如何确定？

问题 4：应用到网页中的图像元素有哪些样式设置？

2.3.2 子项目 1 在个人主页中应用图像

1. Dreamweaver 中图像的应用

网页中最引人入胜的莫过于丰富多彩的图像。成功的站点中若没有绚丽的图像，会使浏览索然无味。

图像在网页中具有画龙点睛的作用，能装饰网页、表达个人的情调和风格。但在网页上加入的图片越多，浏览的速度就会受到影响，导致用户失去耐心而离开页面。这就要求设计者要掌握度的问题。

1）图像插入操作步骤

在示例网页中插入了"我的照片"，其操作步骤如下：

（1）光标定位在"一、自我介绍"文字上方，点击常用插入栏中的"图像（I）"按钮，如图 2-3-2 所示。

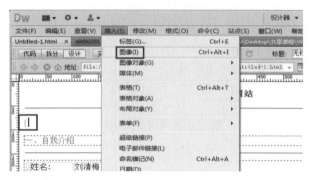

图 2-3-2　图像的插入

（2）在弹出的对话框中选择"我的照片"，如图 2-3-3 所示。

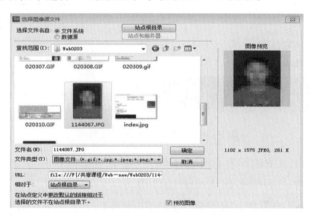

图 2-3-3　插入照片

（3）点击图 2-3-3 中的确定按钮，在弹出的对话框中输入"替换文本"即可把图像插入网页中，效果如图 2-3-4 所示。

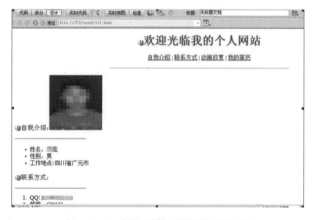

图 2-3-4　插入图像后的网页效果图

（4）选中图像，在属性面板中设置图像属性，如图 2-3-5 所示。至此，图像的插入完全结束。

图 2-3-5　图像属性设置

2）网页中常用的图像格式

网页中使用的图像可以是 GIF、JPEG、BMP、TIFF、PNG 等格式的图像文件，其中使用最广泛的主要是 GIF 和 JPEG 两种格式。

（1）GIF 格式：由 Compuserve 公司提出的与设备无关的图像存储标准，也是 Web 上使用最早、应用最广泛的图像格式。GIF 是通过减少组成图像每个像素的储存位数和 LZH 压缩存储技术来减少图像文件的大小。DIF 格式最多只能是 256 色的图像。GIF 具有图像文件短小、下载速度快、低颜色数下 GIF 比 JPEG 装载的更快，可用许多具有同样大小的图像文件组成动画，在 GIF 图像中可指定透明区域，使图像具有独特的显示效果。

（2）JPEG 格式：在目前 Internet 中最受欢迎的图像格式，JPEG 可支持多达 16M 颜色，它能展现十分丰富生动的图像，还能压缩。但压缩方式是以损失图像质量为代价，压缩比越高图像质量损失越大，图像文件也就越小。GIF 格式最多只能是 256 色，因此载入 256 色以上图像的 JPEG 格式成了 Internet 中最受欢迎的图像格式。

3）网页中路径的路径的概念

平时使用计算机时，要找到需要的文件，就必须知道文件的位置，而表示文件的位置的方式就是路径。

例如："D：/Web/Pic2008.gif"就表示在 D 盘"Web"文件夹内有一个名称"Pic2008.gif"的图片，而"D：/Web/Pic2008.gif"就是该图片的路径。

网页中的图像、动画等素材都有自己固定的存放位置，网页中的链接资源也都有它自己的存放位置。网页只是通过路径使用 HTML 语言来调用它们，然后把它们显示在网页中。

若网页中有许多图片不能正常显示，超级链接无法打开，其原因绝大部分都是因为使用了错误路径所致。

网页中的路径可分为相对路径和绝对路径，初学网页设计的学生往往对它们认识不够，在应该使用相对路径的地方使用了绝对路径，从而导致浏览器无法在指定的位置打开指定的文件，导致显示不正常或无法打开超链接等错误。

那么，什么是相对路径？什么是绝对路径？为什么有时候使用了绝对路径时就不能显示相应的内容呢？

比如：D 盘的"Web"目录"img"子目录下有一个"pic2008fuwa.jpg"图像，那么它的路径就是"D：\Web\img\pic2008fuwa.jpg"，这种完整地描述文件位置的路径就是绝对路径。

又如网页 D 盘的"Web"文件夹中有一个"index.htm"，该文件中有一张图片"pic2008fuwa.jpg"，则它们的绝对路径分别是：

"D：\Web\index.htm"

"D：\Web\img\pic2008fuwa.jpg"

如果在链接图片时使用了绝对路径"D：\Web\img\pic2008fuwa.jpg"，那么在本地电脑中将一切正常，因为在"D：\Web\img\"下的确存在"pic2008fuwa.jpg"这个图片。但我们将该网页上传到网站服务器上后，就不正常了，因为服务器给你划分的存放空间可能在 C 盘其他目录中，也可能在 D 盘其他目录中，总之不会那么巧为"D：\Web\"。

那么，图片路径应该如何设置呢？这里就必须使用相对路径。

所谓相对路径，顾名思义就是自己相对于目标的位置。在上例中"index.htm"中连接的"pic2008fuwa.jpg"就可以使用"img\pic2008fuwa.jpg"来定位文件，这样不论将这些文件放到哪里，只要它们的相对关系没有变，就不会出错。具体的链接方式为"img\pic2008fuwa.jpg"。

如果在"D：\Web\img\"有一个文件"picMore.htm"，在该文件中作一个链接，打开"D：\Web\index.htm"，此时正确的相对路径写法为"..\index.htm"，其中使用"..\"来表示上一级目录，"..\..\"表示上上级的目录，依此类推。

2. 图像标记分析

（1）点击状态选项卡，把网页切换成"拆分（混合）视图"模式。选中设计视图中的"我的照片"，观察对应代码视图中的 HTML 标签，如图 2-3-6 所示。

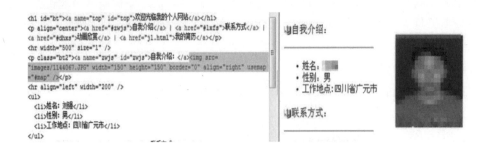

图 2-3-6 图像标记

（2）代码视图中对应的 HTML 标记为：

`<img src="images/lqm.jpg" alt="我的个人照片" width="163" height="206" align="right">`

从以上代码中可以看出，图形标记<img>属于单标记类型，即有开始标记，无结束标记。一个<img >就定义了一个图像，具体定义的是哪个图像，以哪种方式显示图像，全靠<img>标记中的属性设置。

（3）图像标记的基本语法结构如下：<img 属性 1=值 1 属性 2=值 2 … 属性 n=值 n>，其中图像标记的属性及其取值范围如表 2-3-1 所示。

表 2-3-1 图像标记的属性及其取值范围

属性	属性名称	取值范围
对齐方式	align	top|middle|center|bottom|left|right
名称	name	合法字符串
指向	src	url，图片所在地址
图片标题	title	文本，鼠标放上的文字
文本	alt	文本，当图片不显示时显示的替代文字
边框	border	n
高	height	n
宽	width	n
左右边框	hspace	n
上下边框	vspace	n
……	…	……

2.3.3 子项目2 在个人主页中应用其他多媒体元素

1. 在个人主页中插入 Flash 动画

（1）光标定位在网页需要添加 Flash 动画的位置。

（2）点击常用工具栏的 Flash 动画插入按钮，如图 2-3-7 所示。

图 2-3-7 Flash 动画的插入

（3）在弹出的对话框中选择要插入的 SWF 文件，点击确定按钮，如图 2-3-8 所示。在弹出的对话框中输入标题等，也可以直接点击确定按钮。Flash 动画就被插入网页中光标定位的区域。

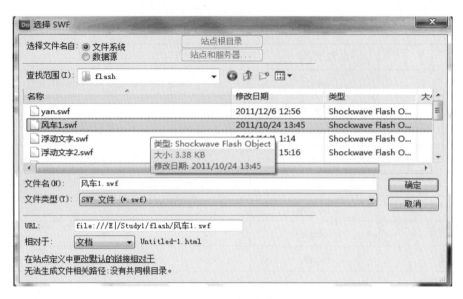

图 2-3-8　动画的插入

（4）在网页编辑区域选中插入的 Flash 插件，设置其属性，如图 2-3-9 所示。

图 2-3-9　动画对象属性设置

2. Flash 应用的 HTML 标记分析

选中 Flash 切换网页编辑模式为"代码视图"，观察 Flash 嵌入网页的 HTML 标记如下：

<object classid="clsid：D27CDB6E-AE6D-11cf-96B8-444553540000" codebase="http：
//download.macromedia.com/pub/shockwave/cabs/flash/s
wflash.cab#version=7, 0, 19, 0" width="776" height="100"><!—此处 width、height 定义了播放 flash 的控件的宽和高　-->

<!--为客户浏览器加入 flash 播放器-->

<param name="movie" value="images/20071119181643.swf"><!--swf 路径　-->

<param name="quality" value="high"><!--动画显示的品质　-->

<embed src="images/20071119181643.swf" quality="high" pluginspage="http：//www. macromedia.

com/go/getflashplayer" type="application/x-shockwave-flash" width="776" height="100">

</embed><!—此处 src 制定了 flash 文件的相对路径，width 与 height 定义了 swf 文件的宽和高 -->

</object>

3. 音频、视频应用的 HTML 标记分析（了解）

```
<object id="player" height="45" width="100%" classid=
"CLSID：6BF52A52-394A-11d3-B153-00C04F79FAA6">
<param NAME="AutoStart" value="-1"> <!--是否自动播放-->
<param  NAME="Balance"  VALUE="1"> <!--调整左右声道平衡，同上面旧播放器代码-->
<param name="enabled" value="1"> <!--播放器是否可人为控制-->
<param NAME="EnableContextMenu" value=""> <!--是否启用上下文菜单-->
<param NAME="url" value="视频地址"> <!--播放的文件地址-->
<param NAME="PlayCount" VALUE="1"> <!--播放次数控制，为整数-->
<param name="rate" value="1"> <!--播放速率控制，1 为正常，允许小数，1.0-2.0-->
<param name="currentPosition" value="0"> <!--控件设置：当前位置-->
<param name="currentMarker" value="0"> <!--控件设置：当前标记-->
<param name="defaultFrame" value=""> <!--显示默认框架-->
<param name="invokeURLs" value="0"> <!--脚本命令设置：是否调用 URL-->
<param name="baseURL" value=""> <!--脚本命令设置：被调用的 URL-->
<param name="stretchToFit" value="0"> <!--是否按比例伸展-->
<param name="volume" value="50"> <!--默认声音大小 0%-100%，50 则为 50%-->
<param name="mute" value="0"> <!--是否静音-->
<param name="uiMode" value="Full">
<!--播放器显示模式：Full 显示全部；mini 最简化；None 不显示播放控制，只显示视频窗口；invisible 全部不显示-->
<param name="windowlessVideo" value="0">
<!--如果是 0 可以允许全屏，否则只能在窗口中查看-->
<param name="fullScreen" value="0"> <!--开始播放是否自动全屏-->
<param name="enableErrorDialogs" value="1"> <!--是否启用错误提示报告-->
<param name="SAMIStyle" value="1"> <!--SAMI 样式-->
<param name="SAMILang" value="1"> <!--SAMI 语言-->
<param name="SAMIFilename" value="1"> <!--字幕 ID-->
</object>
```

【小　结】

本节依托个人主页中多媒体元素应用的小项目，主要介绍了 Dreamweaver 中图片、动画的应用，<img>标记的使用，并简单解释了 Flash 及音频、视频标记各属性的含义。

【习　题】

一、问答题

1. 什么是路径？
2. 相对路径和绝对路径的区别是什么？
3. 图像标记中 src 属性的作用是什么？
4. 要设置图像的边框为 5，如何操作？对应的 HTML 标记该如何写？
5. 利用图像标记的哪个属性可以控制图像的对齐方式？
6. 网页中如何设置 Flash 动画的大小？

二、模仿练习题

模仿课堂中讲解的示例在个人网页的适当位置添加图像、动画，切换到"拆分（混合）视图"模式，观察各代码所表示的意义。

2.4　项目四　在个人主页中应用超链接

【教学内容】

1. 超链接的概念。
2. 超链接基本语法规则。
3. 超链接分类。
4. 不同类型下的超链接制作方法。

【教学目的】

1. 理解超链接的基本概念。
2. 掌握不同场合下超链接的制作方法。
3. 进一步理解相对路径及绝对路径的概念。

【重难点】

重点：相对路径及绝对路径、站内链接、站外链接、锚点链接、文件链接、邮件链接、热点链接等。

难点：锚点链接、相对路径及绝对路径。

【教学方法】

提问、讨论、案例分析、操作演示相结合。

【建议学时】

2学时。

2.4.1 案例项目分析

用户上网大多是通过鼠标点击网页上的文字、图像等在网络里遨游，这种效果就叫作超级链接。

如图 2-4-1 所示的个人网站，可以通过点击"自我介绍"中的"四川信息职业学院"的链接，使母校的网站展现在浏览器上，也可以通过点击"联系方式"中的"ceshiEmail@163.com"发邮件。

图 2-4-1　简单个人网页效果图

问题：这种效果是如何制作的？在这种效果下隐含了哪些知识呢？

2.4.2 丰富案例项目的页面内容

（1）接着上节项目继续制作，为页面增加导航：在页面顶端输入文字"自我介绍 | 个人简历 | 联系方式 | 友情链接"。

（2）在页面的底部输入"返回顶部"字样。

（3）新建一个 HTML 页面，命名为"JianLi.htm"，作为个人简历的页面，在该页面中输入简单的文字"个人简历页面"。

2.4.3 项目制作

1. 为页面添加锚点链接

返回"index.htm"页面，为顶部导航"自我介绍""联系方式""友情链接"及底部"返回顶部"添加锚点链接。

（1）在页面顶部添加返回顶部的锚点，步骤如图 2-4-2 所示。

① 光标定位在"欢迎光临"前面；

② 点菜单栏"插入"→"命名锚记";

③ 在弹出的窗口中输入"dingbu",点击"确定"。

图 2-4-2　插入锚点

（2）重复步骤（1），再分别为"一、自我介绍""二、联系方式"和"三、友情链接"添加锚点，锚点名分别为"JieShao""LianXi""LianJie"。效果如图 2-4-3 所示。

图 2-4-3　添加锚点后页面效果图

（3）为导航"自我介绍"添加链接到前面定义的锚点的超链接。

① 选中"自我介绍";

② 点击菜单栏中"插入"→"超链接";

③ 在弹出的对话框中选择前面定义的"JieShao"锚点，点击确定，步骤如图 2-4-4 所示。

图 2-4-4　为锚点添加超链接

（4）重复步骤（3），分别为"联系方式""友情链接"及"返回顶部"添加锚点链接。

2. 为我的简历添加站内链接

（1）选中我的简历，点击菜单栏中"插入"→"超链接"，在弹出的对话框中点击浏览后面的"文件夹"按钮，如图2-4-5（a）所示，弹出目标浏览对话框，效果如图2-4-5（b）所示。

（a）超链接对话框

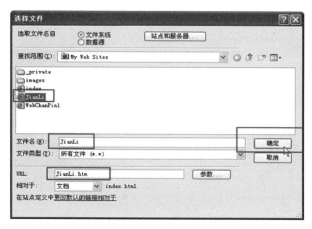

（b）选择文件对话框

图 2-4-5

（2）在如图2-4-5（b）所示对话框中选择刚才新建的"JianLi.htm"页面，点击"确定"，返回超级链接对话框，如图2-4-6所示。

图 2-4-6　超链接对话框

图2-4-6中，目标是定义打开的方式，默认打开方式是在原窗口中打开，其中，"_blank"，

表示在新窗口中打开；标题是鼠标放到该链接源上显示的文字，即提示文本。

（3）点击"确定"按钮，就完成了站内超链接的创建。

3. 为页面添加互联网链接

类似与站内超链接（步骤（2）），所不同的是，在图 2-4-6 对话框的链接一栏要手动输入目标的地址（URL）。这里注意，输入的地址应前缀协议的名字（常为 http：//）。

为"西南交通大学"添加超链接，在图 2-4-6 对话框的链接一栏输入"http：//www.swjtu. edu.cn"。

4. 为页面添加邮件链接

步骤同 2，在图 2-4-6 对话框的链接一栏输入"mailto：邮件地址"，例如"mailto：qm186@163.com"。

5. 为图片添加热点链接

为图片添加热点链接，使其链接到原图片，并在新窗口打开。

（1）选中目标图像，调出属性面板，选择属性面板中的某一种热区，效果如图 2-4-7 所示。

图 2-4-7　选择热区形状

（2）选中某一热区形状，在图片上绘制热点区域，在下面弹出的属性区域中选择链接目标及打开方式，步骤如图 2-4-8 所示。

图 2-4-8　为画出的热区位置添加超链接

2.4.4　项目中用到的超级链接标记分析

切换到"代码视图"模式。观察页面中的超链接语法格式。

（1）在"一、自我介绍"处，用<a>标记的 name 属性定义了锚点：

```
<a name="JieShao">
一、自我介绍
</a>
```

（2）用<href>属性对自我介绍进行锚点链接：

```
<a href="#JieShao">
自我介绍
</a>
```

（3）在"我的简历"处，定义一个内部网页链接：

```
<a href="JianLi.htm"><!--注意：此处为相对路径
我的简历
</a>
```

（4）在该页面的自我介绍部分有一个西南交通大学的超链接，这是一个外部链接，实现代码为：

```
<a href="http：//www.xnjd.cn"><!--注意：此处为带有传输协议的绝对路径
西南交通大学
</a>
```

（5）创建一个电子邮件的超级链接，它有别于前面两种，结合前面讲到的邮件链接的例子，此处代码应为：

```
<a href="mailto：qm186@163.com"><!--注意：此处为传输协议
    qm186@163.com
</a>
```

（6）图片的热点链接定义为：

```
<map name="Map">
<area shape="rect" coords="8，187，60，202" href="images/lqm.jpg"
target="_blank">
</map>
```

其中，coords 定义的是热点坐标。

（7）通过上面的例子，超级链接代码书写规则总结如下：

标记<a>用来定义一个链接，但是通常会添加一个目的地址来实现连接。连接的目的地在<a>标签的<href>属性中被定义。

超级链接的语法格式分为五种：

① <a href="http：//URL"></a><!—定义站点外链接；

② <a href="mailto：EMAIL"></a><!—定义 Email 链接；

③ <a name="NAME"></a><!—定义锚标记；

④ <a href="#NAME"></a><!—定义锚点链接；

⑤ <a href="相对路径+文件名.扩展名"></a><!—定义站点内链接。

URL 分为绝对路径和相对路径，如果是网站内部的链接，一般用相对路径；否则用绝对路径。如表 2-4-1 所示。

表 2-4-1　链接与路径选择

外部链接	<a href="http：//www.scitc.com.cn"> 点击进入四川信息职业技术学院 </a>	绝对路径
内部链接	<a href="index.htm"> 打开站点首页 </a>	相对路径
内部文件链接	<a href="ChaoJiLink/images/rwmdqsj.wma"> 音乐试听（让我们荡起双桨） </a>	相对路径

<a href="mailto：EMAIL"></a>：创建一个自动发送电子邮件的链接。Mailto：后面跟 Email 地址：

<a href="mailto：qm186@163.com">与联系我</a>

创建一个位于文档内部的锚点链接：

① 定义锚点：<a name="NAME"></a>；

② 创建一个指向位于文档内部锚点的链接：<a href="#NAME"></a>。如表 2-4-2 所示。

表 2-4-2　内部锚点链接

在网站顶部创建锚点	<a name="top">联系我</a>
在网站底部创建链接到该锚点的链接	<a href="#top">返回顶部</a>

创建一个位于外部文档的锚点链接：

① 定义锚点：<a name="NAME"></a>；

② 创建一个指向位于文档内部锚点的链接：<a href="URL#NAME"></a>。如表 2-4-3 所示。

表 2-4-3   外部锚点链接

在另外一个网页"me.htm"的某处创建锚点"here"	`<a name="here">` 链接到此处 `</a>`
在"index.htm"中创建链接到"me.htm"锚点"here"处的链接	`<a href="me.htm#top">` 点击此处 `</a>`

注意：<a>标签可以通过"target"属性设置"blank"值在新的窗口中打开被链接的文件。例如：

```
<a href="http：//www.scitc.com.cn" target="_blank">
    欢迎访问四川信息职业技术学院
</a
<a href="ChaoJiLink/images/rwmdqsj.wma"  target="_blank">
    音乐试听（让我们荡起双桨）
</a>
```

【小   结】

本节课通过在个人主页中应用超链接的项目实例分析了超链接的概念、分类及应用，要求学生掌握 Dreamweaver 中超链接的应用及常用超链接的基本语法格式。

【习   题】

模仿练习题：模仿课堂中讲解的示例在个人网页添加超链接，观察各代码所表示的意义。

要求：

（1）创建页面的锚点链接。

（2）包含一个具有下载效果的超链接。

（3）包含一个电子邮件的超链接。

（4）创建图片的热点链接。

2.5   项目五   个人工作室网站主页制作

【教学内容】

1. 创建和编辑表格。

2. 表格的属性设置。

3. 用表格设计页面布局的方法。

【教学目的】

1. 掌握表格创建和管理的一般方法。

47

2. 理解并掌握使用表格排版布局的重要性和方法。

【重难点】

重点：表格的编辑及综合运用表格技术进行页面布局。
难点：使用表格排版布局页面。

【教学方法】

提问、讨论、案例分析、操作演示相结合。

【建议学时】

2 学时。

2.5.1 案例项目分析

某工作室主页效果如图 2-5-1 所示。

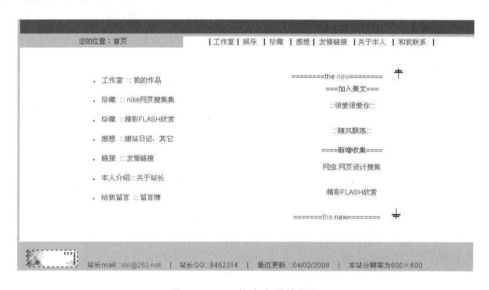

图 2-5-1 工作室主页效果图

问题 1：观察工作室主页，与图 2-4-1 所示个人网站主页有何区别和联系？
问题 2：如何把页面内容固定在想要显示的位置？
问题 3：你能从上面网页中体会出隐藏的表格线条吗？
问题 4：表格排版的特点是什么？

2.5.2 项目制作

（1）打开 Dreamweaver，新建名为"工作室"的站点，站点目录设在"D：\studio"下。

新建网页"index.html"，保存在站点目录下。

（2）首先在网页空白处单击鼠标左键，选择菜单栏中"插入"→"表格"，在弹出的对话框中设置 4 行 1 列，表格宽为 778 px，全选表格在属性面板中设置对齐方式为"居中对齐"，填充、间距、边框都为 0，点击"确定"按钮。将表格插入网页后，将光标定位于第 1 行的属性面板中，如图 2-5-2 所示。

图 2-5-2　表格属性设置

利用 CSS 面板设置背景颜色为 # 666666：

① 首先点击图 2-5-2 中的类，选择其中的应用多个类，填出如图 2-5-3 所示面板，此处 CSS 样式定义类名称为"bg666666"。

图 2-5-3　添加类窗口

② 点击"确定"按钮。接着按 Shift+F11，调出 CSS 编辑面板，如图 2-5-4 所示。

图 2-5-4　样式面板

③ 点击其中的添加按钮，如图 2-5-4 所示，调出如图 2-5-5 所示面板。

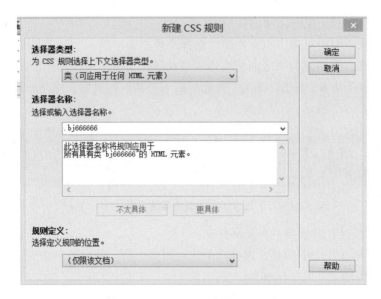

图 2-5-5　新建 CSS 规则对话框

④ 点击"确定"后调出如图 2-5-6 所示面板。在此面板进行设置，如图 2-5-6 所示。

图 2-5-6　CSS 样式设置

（3）在大表格的第 2 行插入嵌套表格，参数设置如图 2-5-7 所示。第 2 行作为网页的导航栏，在此输入导航文字。

图 2-5-7　表格属性设置（1）

（4）在大表格的第3行插入嵌套表格，参数设置如图2-5-8所示。

图2-5-8　表格属性设置（2）

（5）在第3行的第2列插入表格，参数设置如图2-5-9所示。输入正文文字。

图2-5-9　表格属性设置（3）

（6）在大表格的第3行第4列插入表格，参数设置如图2-5-10所示。输入正文文字。

图2-5-10　表格属性设置（4）

（7）在大表格的第5行输入版权或者作者等信息。

2.5.3　项目中用到的表格标记分析

切换到"代码视图"模式。观察页面中的超链接语法格式。

1. 表格的基本定义

表格标记是双标记，有开始有结束，它包含三个方面的内容，即表格定义、行定义和单元格定义，格式如下：

```
<table>
    <tr>
        <td></td>
    </tr>
</table>
```

其中，table 定义一个表格，tr 定义表格的一行，td 定义表格行里的一个单元格。

网页页面元素写在<td>与</td>之间。而表格的显示方式，即表格的样式设置，写在<table>标记里，如：

<table align=center border=0 cellPadding=0 cellSpacing=0 width=778>

</table>

2. 单元格的属性设置

单元格的属性设置写在<td>标记中，如设置单元格背景颜色：

<td bgColor=#666666 height=25> </td>

也可调用 CSS 样式设置单元格属性，如单元格内容的对齐方式：

<td align=middle class=9font width=249>您的位置：首页</td>

其中，class=9font 表示调用了 CSS 里的类样式。

2.5.4 建立表格的 html 语法总结

1. 建立表格标记组成

建立表格由四对标记组成，如下：

① <table>与</table>定义表格元素；

② <tr>与</tr>定义表格的一行；

③ <th>与</th>定义表格的表头单元格；

④ <td>与</td>定义表格的单元格。

表格的基本语法结构：

<table>

<tr>

<th>第一行第一列单元格内容</th>

<th>第一行第二列单元格内容</th> ……

<th>第一行第 N 列单元格内容</th>

</tr>

<tr>

<td>第二行第一列单元格内容</td>

<td>第二行第二列单元格内容</td> ……

<td>第二行第 N 列单元格内容</td>

</tr>

</table>

表格如果没有表头单元格，<th>可以由<td>代替。

2. 表格尺寸、背景

表格尺寸：<table width=数值 height=数值>。

背景颜色：<table bgcolor=颜色>。

背景图片：<table background=URL>。

3. 表格间距

表格间距：<table cellspacing=数值>。

4. 表格边距

表格边距：<table cellpadding=数值>。

5. 表格标题

表格标题：<caption align=参数值 valign=参数值>表格标题</caption>。

6. 行高与布局

<tr height=数值>：设置表格内某行的高度。

<tr align=参数值>：该行中单元格的水平对齐方式（left，center，right）。

<tr valign=数值>：该行中单元格的垂直对齐方式（top，middle，bottom）。

7. 行边框与背景

某行内边框的颜色：<tr bordercolor=颜色值>。

某行背景颜色：<tr bgcolor=颜色值>。

8. 列宽与布局

表格列宽：<td width=数值>or<th width=数值>。

水平对齐：<td align=参数值>or<th align=参数值>。

垂直对齐：<td valign=参数值>or<th valign=参数值>。

9. 单元格边框与背景

单元格边框颜色：<td bordercolor=颜色值 > or<th bordercolor =颜色值>。

单元格背景颜色：<th bgcolor =颜色值>or<tr bgcolor =颜色值>。

单元格背景图片：<th background =URL>or<tr background =URL>。

10. 跨行列属性

单元格跨行：<td rowspan=数值>or<th rowspan=数值>。

单元格跨列：<td colspan=数值>or<th colspan=数值>。

【小　结】

在使用表格中应注意哪些问题？

（1）整个表格不要都嵌套在一个表格里，尽量拆分成多个表格。

（2）表格的嵌套层次尽量要少，嵌套最好不要超过 3 层。

（3）单一表格的结构尽量整齐。

【习　题】

模仿课堂中讲解的示例，利用表格设计一个班级学生信息表，观察各代码所表示的意义。

要求：

（1）表格的标题为"××班学生信息表"。

（2）表格的主要项目有"本人姓名，年龄，性别，家长姓名，家庭住址，政治面貌，担任职务，特长爱好，人生格言，联系方式"等。

（3）表格要求醒目，分类合理清楚。

（4）表格可以使用背景图片或者背景颜色。

2.6　项目六　广元之旅网站主页制作

【教学内容】

1. 框架集及框架的建立及属性设置。

2. 框架中超链接的方法。

【教学目的】

1. 了解网页设计中框架与框架集的基本概念。

2. 掌握框架集及框架的建立、属性设置方法以及框架中超链接的基本方法。

【重难点】

重点：框架结构的编辑与保存，框架的属性设置，框架中超链接的应用。

难点：框架及框架集的保存，框架链接的设置。

【教学方法】

提问、讨论、案例分析、操作演示相结合。

【建议学时】

4 学时。

2.6.1　案例项目分析

某框架网页效果如图 2-6-1 所示。

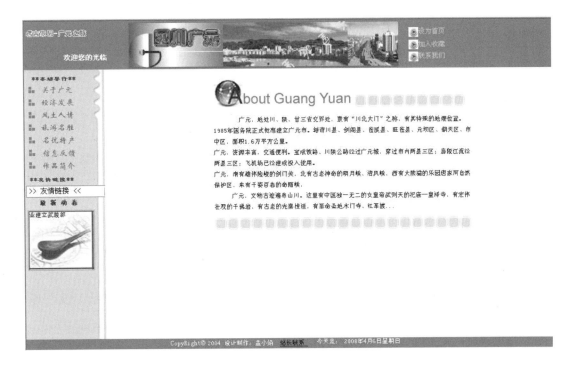

图 2-6-1　框架网页效果图

问题 1：图 2-6-1 中的网页有什么特点？

仔细观察，我们不难发现：该网页导航栏在左边，可以想象，当点击左边的链接，相应内容会在右边显示，而对应的左边内容和上边、下边内容都保持不变。这个效果即为框架网页的效果。

问题 2：链接内容在网页局部显示的效果是如何实现的呢？

问题 3：如何设置框架网页？它包含哪些标记元素？各元素主要属性设置有哪些？

2.6.2　项目制作

（1）打开 Dreamweaver，新建名为"广元之旅"的站点，站点目录设在"D：\tourism"下。新建网页"index.html"，保存在站点目录下。

（2）点击菜单栏，"文件"→"新建"，在弹出的对话框中，左侧栏选择"空白页"，中间栏（页面类型）选择"HTML"，右侧（布局）栏选择"列固定左侧栏"，点击"创建"，即新建了一个框架页。也可以通过新建一个普通 HTML 页面，点击布局工具栏，点击插入框架按钮的下箭头，选择框架的结构类型为"左侧框架"创建（见图 2-6-2）。

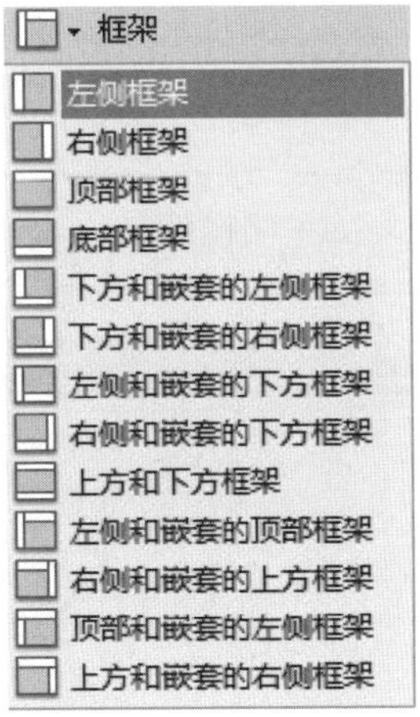

图 2-6-2　框架快捷菜单

（3）按快捷键"Shift + F2"打开框架面板，如图 2-6-3 所示。

图 2-6-3　框架面板

（4）通过框架面板分别选择左侧和主框架，或者按住 Alt 键点击各个框架，在属性面板中设置参数，如图 2-6-4 和图 2-6-5 所示。

图 2-6-4　框架参数设置（1）

图 2-6-5　框架参数设置（2）

（5）在左侧框架插入嵌套表格。参数设置如图 2-6-6 所示。

图 2-6-6　框架参数设置（3）

（6）在表格中输入文字作为导航栏，分别设置文字的超级链接到不同的网页，目标都为"main"，参数设置如图 2-6-7 所示。

图 2-6-7　框架参数设置（4）

（7）在主框架页面部分先插入一个表格，参数设置略，作为首页显示。输入正文文字。

（8）新建文件：分别建立各个子页面。

（9）保存框架：选择"文件"→"保存"，弹出对话框，如图 2-6-8 所示。

图 2-6-8　框架另存对话框

可以看出，框架的周围用一条虚线框起来，表示当前保存的框架部分。在文件名中输入有意义的框架集的名称。

从上面例子中我们可以得出：如果建立一个上中下三部分或左中右三部分的框架网页，当保存的时候，实际上我们创建的是四个页面。除了三部分网页独立成网页外，还有一个把这几部分综合在一起的框架集页面。

2.6.3　项目中用到的框架标记分析

切换到"代码视图"模式。观察页面中的超级链接语法格式。

```
<frameset rows="*" cols="144，*">
        <frame name="contents" target="main" src="html/menu.html" border=0
scrolling="NO">
```

<frame name="main" src="html/main.html" scrolling="auto">

    </frameset>

1. 框架的属性

框架显示的文件路径：<frame src="url">。

框架窗口的名称：<frame name="name">，框架名必须以字母开头，区分大小写，不能使用空格、句点和连接符等特殊字符。

是否显示框架：<frame frameborder="数值">。

是否显示滚动条：<frame srcolling="数值">，此处的值有 yes、no 和 auto 三种。

能否自行调整框架窗口的大小：<frame noresize>。

框架中内容与框架边缘的左右距离：<frame marginwidth/marginheight="数值">。

2. 框架集的属性

宽度属性：<frameset border="数值">。

颜色属性：<frameset bordercolor="颜色值">。

隐藏属性：<frameset frameborder="0 or 1">，此处 0 表示不显示边框，1 表示显示边框，该属性也可用在<frame>里。

各窗口间空白区域的设置：<frameset framespacing=#> #=空白区域的大小。

打开链接页面的目标含义：

<a href="url" target="_blank"> 新窗口；

<a href="url" target="_self"> 本窗口；

<a href="url" target="_parent"> 父窗口；

<a href="url" target="_top"> 整个浏览器窗口；

<a href="url" target="框架名称"> 目标页面在对应名称的框架中显示。

【小　结】

本节重点介绍了框架的建立和设置方法；框架有一些独特的性质，当网页需要滚动条的时候，可以使用框架；当需要让窗口的一部分内容保持不变，另一部分内容改变时，也需要框架。使用框架的最主要目的是创建链接结构，还可以使网页显示更加清晰、紧凑、直观。

【习　题】

模仿练习题：模仿课堂中讲解的示例利用表格设计一个班级页面，观察各代码所表示的意义。

要求：

（1）左侧嵌套顶部框架。

（2）左侧为导航栏，主要栏目有"本班概况，本班信息，本班荣誉，本班警示，自撰美文，学习天地"等。

（3）上侧为班级的 Banner 动画或者标记等静态图片。

（4）所有链接的页面显示在主框架。

2.7 项目七 手机使用调查页面制作

【教学内容】

1. 表单的概念和作用。
2. 表单的使用方法。
3. 表单常用属性设置。
4. 表单项的概念和作用。
5. 不同表单项的设置方法。
6. 建立表单页面的注意事项。

【教学目的】

1. 理解表单、表单项的概念及作用。
2. 掌握表单及表单项的使用方法。
3. 掌握表单及表单项目常用属性设置。

【重难点】

重点：表单及表单项的作用及使用方法，表单及表单项的常用属性设置。
难点：表单及表单项的常用属性设置，综合运用表格、表单完成简单表单页面的制作。

【教学方法】

提问、讨论、案例分析、操作演示相结合。

【建议学时】

2 学时。

2.7.1 项目案例分析

某表单网页效果如图 2-7-1 所示。

图 2-7-1 表单网页效果图

问题 1：本例和前面案例有什么区别和联系？

本例中有许多内容是可以供浏览者选择、输入的，是用来提供浏览者和服务器交互的窗口。

问题 2：输入框、选择、点击的页面元素是用什么标签设计的？

问题 3：这些标签都有哪些特点？

问题 4：我们还能用这类标签做哪些可以和服务器交互的用户界面？

2.7.2　项目制作

1. 站点设置

打开 Dreamweaver，新建名为"手机调查"的站点，站点目录设在"D：\mobile"下。新建网页"index.html"，保存在站点目录下。

2. 表单的插入及属性设置

首先打开 Dreamweaver 的表单工具栏，如图 2-7-2 所示。

图 2-7-2　表单插入快捷菜单

点击表单，在网页工作区插入一个红色虚线框，这个虚线框框起来的区域即为表单的作用区域。

设置表单属性参数，如图 2-7-3 所示。

图 2-7-3　表单属性设置

3. 单行文本框的插入及属性设置

在表单作用区域内设计姓名单行文本框。点击"插入文本字段"按钮，弹出对话框，如图 2-7-4 所示。

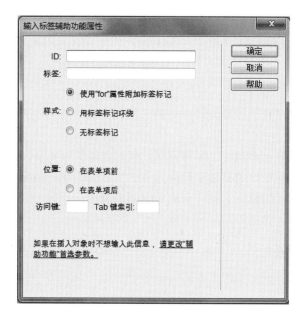

图 2-7-4 插入文本框

点击"确定"按钮，又弹出对话框，选择"否"。如图 2-7-5 所示。

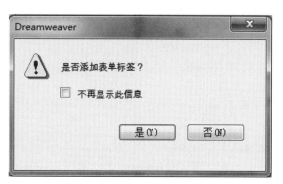

图 2-7-5 标签插入确认框

选择表单元素文本框，在属性面板中设置参数，如图 2-7-6 所示。

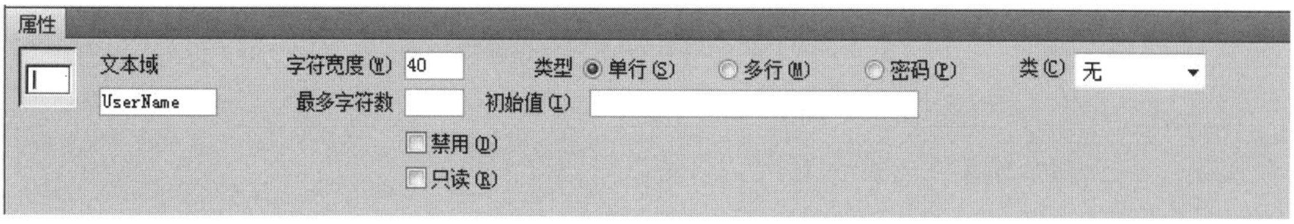

图 2-7-6 文本域属性设置

设计电子邮件地址与单行文本框方法类似，属性设置如图 2-7-7 所示。

图 2-7-7　电子邮件属性设置

注意事项：

① 表单元素必须正在表单标签里面，否则表单元素的内容就不能够提交，后台也就无法接收到数据。

② 应该为表单和表单元素起一个容易记忆、有一定含义的名字，方便后台编写代码调用。

③ 文本框的最多字符数指的是最多允许输入多少字符，超过规定会提示错误。

④ 文本框的字符宽指的是文本框在页面中显示的宽度。

⑤ 密码框中的输入内容在页面显示中以"*"等掩码显示。

4. 设计单选按钮的参数

单选按钮插入对话框属性设置如图 2-7-8 所示。

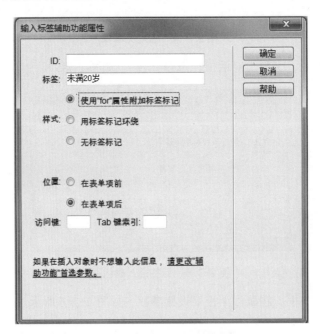

图 2-7-8　单选按钮插入对话框属性设置

其余选定值依此类推 Age2，Age3…。

注意：同一组单选框名称必须相同，只是选定的值不同。

5. 设计复选按钮

设计复选按钮的方法和设计单选按钮的方法类似，属性面板的参数如图 2-7-9 所示。

图 2-7-9　复选框属性设置

注意：同一组复选框的名称也应相同，只是选定的值不同。

6. 设计下拉列表/菜单

下拉列表/菜单复选框属性设置如图 2-7-10 所示。

图 2-7-10　下拉菜单复选框属性设置

选中表单元素在属性面板中设置参数，如图 2-7-11 所示。

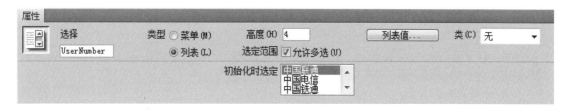

图 2-7-11　列表框设置

单击"列表值"按钮弹出对话框如图 2-7-12 所示。

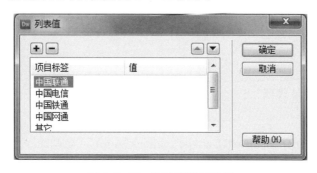

图 2-7-12　下拉列表框设置

点击加号可以添加项目标签（其中，"值"是为了后台调用方便而写的一个字符串）；点击减号可以删除项目；点击上下箭头可以进行重新排序。

注意事项：

① 初始化设定是在页面中不用下拉就能够显示出来的内容。

② 列表和菜单的区别就是列表可以允许多选而菜单只能单选。

7. 按钮的设计

按钮元素的设计和其他表单元素的设计类似，提交按钮属性参数如图 2-7-13 所示。

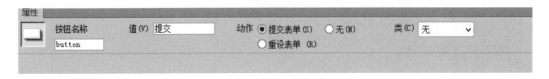

图 2-7-13 按钮属性参数

重设按钮的方法类似，只需将按钮名称和值修改，并将动作选择为"重设表单"。

2.7.3 项目中用到的表单标记分析

切换到"代码视图"模式。观察页面中的超级链接语法格式。

1. 单行文本框的 html 代码

姓 ； ；名：

<INPUT TYPE="TEXT" NAME="UserName" SIZE="40">

E-Mail：

<INPUT TYPE="TEXT" NAME="UserMail" SIZE="40" VALUE="username@mailserver">

2. 多行文本框的 html 代码

您使用手机时最常碰到哪些问题？

<textarea　name ="UserTrouble" cols="45" rows="4">

　　线路太忙

</ textarea >

3. 单选按钮的 html 代码

年龄：

< input type ="RADIO" name ="UserAge" value ="Age1">未满 20 岁

< input type ="RADIO" name ="UserAge" value ="Age2" checked >20~29

< input type ="RADIO" name ="UserAge" value ="Age3">30~39

< input type ="RADIO" name ="UserAge" value ="Age4">40~49

< input type ="RADIO" name ="UserAge" value ="Age5">50 岁以上

注意：同一组单选框，name 指定的名称必须相同。

4. 复选框的 html 代码

您曾经使用过哪些厂家的手机？

<input type="checkbox" name="userPhone" value="诺基亚" checked > 诺基亚

<input type="checkbox" name="userPhone" value="摩托罗拉"> 摩托罗拉

<input type="checkbox" name="userPhone" value="爱立信"> 爱立信

<input type="checkbox" name="userPhone" value="三星"> 三星

注意：同单选框一样，同一组复选框，name 指定的名称必须相同。

5. 下拉列表/菜单的 html 代码

你使用哪个网？（可复选）

<select name="UserNumber" size="4" multiple><!—multiple 属性为选择多项的定义，不写，则代表只能选择一行-->

<option value ="中国电信">中国电信

< option value ="中国联通" selected>中国联通

< option value ="中国铁通">中国铁通</ option >

< option value ="中国网通">中国网通</ option >

< option value ="其他">其他</ option >

</ select >

6. 按钮元素的 html 代码

< input   name="subject"   type ="SUBMIT"   id="subject" value ="提交">

< input   name="reset"   type ="RESET"   id="reset" value ="重新输入">

2.7.4　表单及表单项语法总结

1. 表单标记符

HTML 中表单标记符为<form>，其主要作用是设定表单的起止位置，并指定处理表单数据程序的 URL 地址。其基本语法结构如下：

< form action= "URL" method= "get/post">

</ form >

其中，action 用于设定处理表单数据程序 URL 的地址；method 指定数据传送到服务器的方式，主要有两种方式。当 method="get"时，将输入数据加在 action 指定的地址后面传送到服务器；当 method="post"时，则将输入数据按照 HTTP 输送协议中的 post 传输方式传送到服务器。

2. 表单输入标记符

Input 是表单输入标记符，在表单创建中使用频繁，大部分表单内容需要用到此标记符。其语法如下：

<Input type=? >

? ：text/textarea/password/checkbox/radio /submit/reset/file/hidden/image/button

其中，各项的意义如下：

type：text 表示输入单行文本；

type：textarea 表示输入多行文本；

type：password 表示输入数据为密码，用"*"等掩码显示；

type：checkbox 表示复选框；

type：radio 表示单选框；

type：submit 表示提交按钮，数据将被送到服务器；

type：reset 表示清除表单数据，以利于重新输入；

type：file 表示插入一个文件；

type：hidden 表示隐藏按钮；

type：image 表示插入一个图像；

type：button 表示普通按钮。

3. 下拉列表/菜单

要创建列表菜单应使用<select>标记符，并将每个可独立选取的项用一个<option>标记符标出来。创建选项菜单的语法如下：

< select name=" " size=" "（multiple）>

    < option　label=" " value=" "（selected）>选项 1 内容</ option >

    < option　label=" " value=" "（selected）>选项 2 内容</ option >

    <!--更多 option 标记

</ select >

（1）<select>标记符的属性意义：

name 属性用于指定控件名；

size 属性用于指定选项菜单中一次显示的行数（默认值为 1）；

multiple 属性用于设置允许用户选择多个选项（如果不设置此属性，则仅允许选择一个选项）。

（2）<option>标记符的属性意义：

label 属性可以为选项指定一个标记符，当使用此属性时，浏览器将采用此属性的值而非<option>标记符中的内容作为选项标记符；

selected 属性用于设置当前选项为预先选中状态；

value 属性指定了控件的初始值。

【小　结】

本模块重点讲解了在 Dreamweaver 中通过表单工具栏创建表单页面的方法。表单非常重要的用途就是交互网页设计。本节要求学生能够正确设置表单及表单元素的属性，掌握表单及其元素的 html 代码含义。

【习　题】

模仿练习题：请利用表单设计一个用户注册信息页面。

要求：

（1）姓名，密码，确认密码，出生日期，性别，职业，爱好，月收入，家庭住址，简短留言，提交，重设按钮等表单元素。

（2）表单元素的属性设置合理。

（3）单选、复选按钮具有环绕标签的功能。

2.8　项目八　"踏出人生"博客网首页制作

【教学内容】

1. 什么是 DIV?什么是 CSS？什么是 DIV+CSS 布局模式？

2. 创建、管理 CSS 样式的具体操作。

3. CSS 样式的定义方法。

4. 用 DIV+CSS 布局模式实现网页排版。

【教学目的】

1. 理解 DIV 及 CSS 的基本概念。

2. 认识 CSS 样式及样式面板。

3. 熟练掌握 Dreamweaver 中 CSS 样式创建、管理及应用的方法。

4. 掌握 DIV+CSS 实现网页排版的方法。

【重难点】

重点：Dreamweaver 中样式的创建、编辑及应用的具体方法，DIV+CSS 实现网页排版。

难点：CSS 样式设置的方法及各属性的含义，DIV+CSS 实现网页排版。

【教学方法】

提问、讨论、案例分析、操作演示相结合。

【建议学时】

4 学时。

2.8.1　项目案例分析

"踏出人生"博客网首页效果如图 2-8-1 所示。

图 2-8-1 "踏出人生"博客网首页效果图

问题 1：本节内容是将 DIV+CSS 排版，分析本图特点，与前面案例有什么区别？

经过分析，我们发现本例内容和前面案例区别不大。用表格排版方式同样可以实现本图内容。所以 DIV+CSS 布局和表格布局一样，都是布局方式的一种。

问题 2：DIV+CSS 布局方式和表格布局方式的不同及优势在哪里？

2.8.2 项目制作

（1）打开 Dreamweaver，新建名为"博客"的站点，站点目录设在"D：\blog"下。新建 HTML 网页"index.html"，保存在站点目录下。

（2）点击"文件"→"新建"，在弹出的窗口中选择 CSS，点击创建，如图 2-8-2 所示。按"Ctrl+S"将新建好的 CSS 保存在博客站点目录下，保存名为"style.css"。

图 2-8-2 新建 CSS 文档

（3）点击"窗口"→"CSS 样式"，调出 CSS 样式面板，点击"添加"按钮，调出新建 CSS 规则窗口，参数设置如图 2-8-3 所示。点击"确定"按钮，调出 CSS 编辑框，参数设置如图 2-8-4 所示，点击"确定"按钮，style.css 页面中会增加如图 2-8-5 所示的代码，按"Ctrl+S"，保存 style.css 页面。

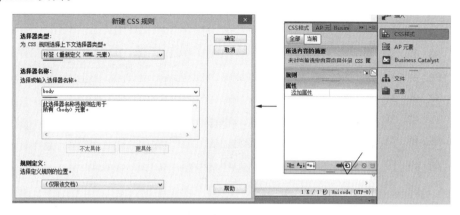

图 2-8-3　新建 CSS 规则窗口

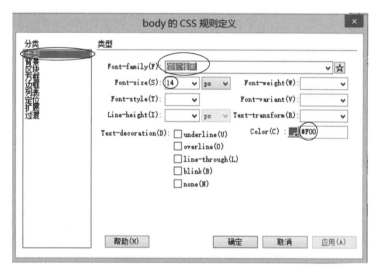

图 2-8-4　CSS 规则设置对话框

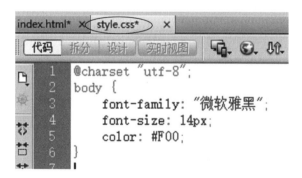

图 2-8-5　CSS 脚本

在该代码里，定义了在body区域的文字样式"字体：微软雅黑；字号：14 px；字体颜色：红色"。

（4）回到index.html页面，点击CSS面板中的"链接"按钮，弹出链接外部CSS样式对话框，参数设置如图2-8-6所示，点击"确定"按钮，即可在"index.htm"和"style.css"两个文件之间建立链接。

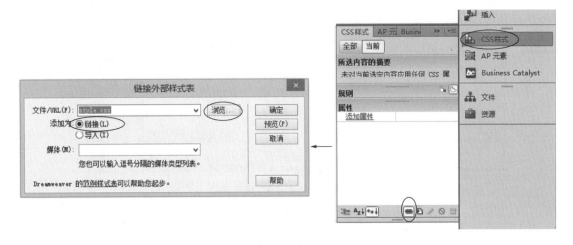

图2-8-6　链接外部CSS样式对话框

（5）在网页中随便输入文字，文字的样式与CSS样式相同。

（6）网页DIV分析出博客首页DIV嵌套结构如图2-8-7所示，红色框表示第一层DIV；蓝色框表示第二层DIV；绿色框表示第三层DIV。

图2-8-7　页面DIV结构分析

（7）按照图2-8-8所示DIV插入方法，分别往index.html页面中插入图2-8-6分析出的三层 DIV，在弹出的"插入 DIV 标签"对话框中分次输入各 DIV 的 ID 号"第一层：top、mid、foot；第二层：topleft、topright、midchild；第三层：midchild1~midchild6，插入后结果如图 2-8-9 所示。

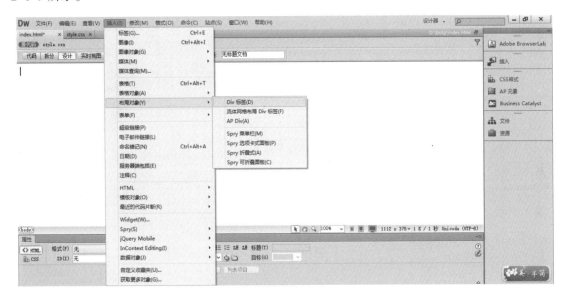

图 2-8-8　DIV 对象的插入方法

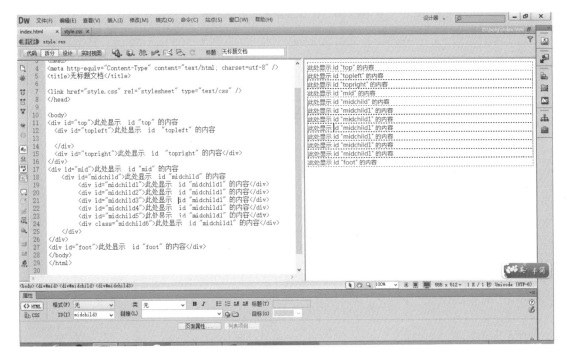

图 2-8-9　三层 DIV 插入后效果图

　　图 2-8-9 左侧是插入后的代码显示，可以发现 topleft、topright 两个 DIV 层在 top 层内部。这就是 DIV 的嵌套。但是，我们在左面不难发现整个 DIV 显示是顺序显示的，并看不出嵌套、左右的显示效果。这种显示方式是 DIV 默认的流式显示。我们要运用 CSS 来改变这种流式显

示方式，让它们按照图 2-8-7 的方式显示。那么如何设置 CSS 样式呢？

（8）DIV 的 CSS 样式设置。在步骤（3）中我们已经初步了解了 CSS 样式的设置方法。下面根据这种方法我们先设置 top 的样式。具体步骤如图 2-8-10 所示。

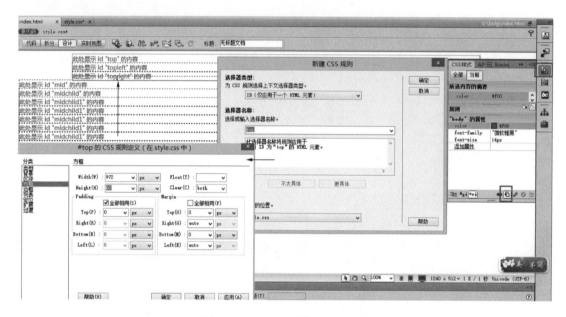

图 2-8-10　top 层样式设置方法

（9）按照步骤（8），分别设置 mid 和 foot 样式，高分别为 500 px、50 px，其余设置同 top 层样式。

（10）按照步骤（8），再分别设置 topleft、topright 的样式，各参数设置如图 2-8-11。

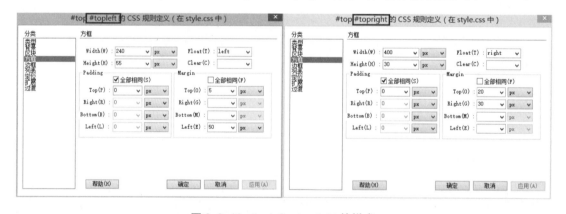

图 2-8-11　topleft、topright 的样式

删除"此处显示 id "top" 的内容"后。光标定位在 topleft 层中，插入 log 素材图片；把光标定位在 topright 层中，输入"设为首页 | 加入收藏 | 联系我们"。

光标定位在 topright 层中，点击样式面板中的编辑样式，将 topright 层高度修改为 200 px。

（11）修改 mid 样式，设置样式背景图片及定位方式为"relative"。新建 midchlid 的定位样式，参数设置如图 2-8-12 所示，并设置 midchild 的背景颜色为灰色（#dddddd）。

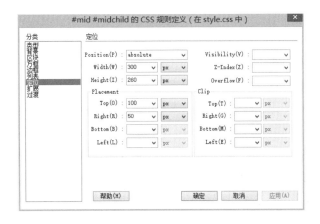

图 2-8-12　midchlid 的定位样式

（12）删除 DIV 创建时自动插入的形如"此处显示 id"ID 号"的内容"的文字内容。设置 mid 层的所有子层 div 公共样式如图 2-8-13 所示。

图 2-8-13　设置 midchild 下所有 div 层样式

设置 midchild1div 样式如下：

背景（Backgrournd）：蓝色（#017D98）；

字体（Font-Family）：微软雅黑；

字号（Font-size）：16 px；

文字颜色（Color）：白色；

行高（Line-height）：30 px；

水平位置（Text-align）：center；

在该 div 中输入"博客登录"。

（13）切换到代码视图。在如图 2-8-14 所示位置插入<form>表单标记。

切换到设计视图，在 midchild2 中插入文字 "用户名"，在 midchild3 中插入 "文本框"，在 midchild4 中插入文字"密码"，在 midchild5 中插入"密码框"，在 midchild6 中插入"登录按钮"（关于表单项的设置见签名章节）。

图 2-8-14　插入 form 表单标记

（14）新建类样式 input1，参数设置如图 2-8-15 所示。

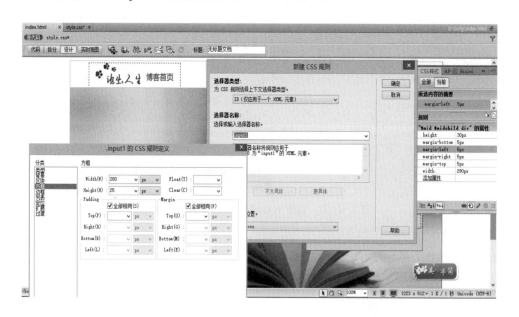

图 2-8-15　input1 样式设置

（15）按照步骤（14）的方法设置类样式 input2 为宽 60 px、高 25 px，背景颜色蓝色，字体颜色白色，行高 25 px，水平居中对齐。

把 input1 类样式应用在用户名和密码框上，把 input2 类样式应用在登录框上。

（16）修改 foot 样式，设置行高为 50 px，水平位置居中，并输入"版权所有…"等信息。

（17）分别保存"index.html"及"style.css"。项目制作至此完毕，最终效果如图 2-8-1 所示。

2.8.3 项目用到的标记分析

Div 标记层可理解为网页中容纳东西的容器。它有如下特点：

（1）成对出现，有开始有结束，即<div >与</div>。

（2）Id 属性标记了层的唯一代号，class 属性标记层的类样式。Id 在整个网页中赋值不能重复，而 class 可重复赋值。

如本项目中：

<div id="top"></div>

<input type="text" class="input1">

<input type="password" class="input1">

（3）Div 层中可以应用一切可以在网页中应用的元素，如背景图片、图片、文字、音频、视频、动画等；也可以嵌套布局标记，如表格和新的 div（见图 2-8-15）。

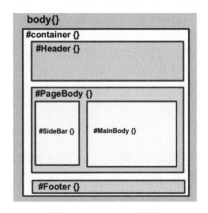

图 2-8-15　div 布局

再如博客项目的头部 div 设计：

<div id="top">

　　<div id="topleft">

　　　　<img src="images/dcnglu_03.jpg" width="236" height="55" />

　　</div>

　　<div id="topright">设为首页 | 加入收藏 | 联系我们</div>

</div>

（4）从上面例子我们可以看出，div 嵌套具有后台关系的特征。在博客项目中，可以这样理解：top 有两个"孩子"：topleft、topright。

2.8.4 项目中用到的 CSS 语法分析

CSS 是样式表文件，专门用来控制页面元素的显示外观。

其基本语法格式为：选择器名{样式名：样式值；}。

从本项目中可以发现 CSS 基本选择器包括四类：类、标签、ID 和复合。

1. 类（class）

可作网页元素的 class 属性可应用于网页的任何标签中。名称前要放置英文状态的句号，表示该样式是一个类样式，句号后的样式名称可以自定义。如本项目中 input1 类样式。

.input1 {

height：25px；

width：280px；

}

2. 标　签

重定义特定 HTML 标签的默认格式设置。如本项目中我们把 body 中字体的默认样式重定义了。

body {

    font-family："微软雅黑"；

    font-size：14px；

    color：#F00；

}

3. ID 样式

在样式名前加"#"表示该样式为 ID 样式，ID 样式控制网页中定义了 ID 的标签，所以说 ID 样式的样式名要和网页中定义的样式名称相同，网页标记才能被样式所控制。

如本项目中，网页中的代码：

<div id=" foot ">版权所有：......</div>

CSS 样式代码：

#foot {

    clear：both；

    height：50px；

    width：972px；

    padding：0px；

    margin-top：0px auto；

}

4. 复合样式

主要用于定义超链接的不同状态，本项目中没有涉及，基本内容为：

A：link{}/*当前链接样式*/

A：visited{}/*访问后的链接样式*/

A：haver{}/*鼠标放上时的链接样式*/

A：active{}/*鼠标左键点击下去时的链接样式*/

此外，还可以定义如本例中的复合样式：

```
#midchild div {
    height：30px；
    width：290px；
    margin-top：5px；
    margin-right：5px；
    margin-bottom：5px；
    margin-left：5px；
}
```

此样式表示 midchild 内的所有后代 div 都具备{}中的样式特征（遗传特征）。

2.8.5 DIV+CSS 定位详解

通过以上项目同学们大概明白了利用 DIV+CSS 如何进行页面排版。它主要考察的是如何利用 CSS 控制 DIV 外观及显示位置。

控制 DIV 外观的 CSS 属性常用的有：

宽：width；

高：height；

背景：background；

边框：border；

内边距：padding；

外边距：margin。

控制 div 位置的方法有两种：一种是浮动方法（float），如本例中 topleft、topright 的位置显示；另一种是定位方法（position），如本例中的 midchild 位置的确定。

2.8.6 常用的 CSS 属性详解

1. Font：12 px Tahoma

这里使用了缩写，完整的代码应该是：font-size：12px；font-family：Tahoma 说明字体为 12 像素大小，字体为 Tahoma 格式。

2. Margin：0px

这里也使用了缩写，完整的代码应该是：margin-top：0px；margin-right：0px；margin-bottom：
        0px；margin-left：0px 或 margin：0px 0px 0px 0px。
顺序是 上 / 右 / 下 / 左，顺时针旋转。

以上样式说明 body 部分对上右下左边距为 0 像素，如果使用 auto 则是自动调整边距。

另外还有以下几种写法：

margin：0px auto；说明上下边距为 0 px，左右为自动调整。

我们以后将使用到的 padding 属性和 margin 有许多相似之处，参数相同，只不过各自表示的含义不相同，margin 是外部距离，而 padding 则是内部距离。

3. Text-align: center

文字对齐方式，可以设置为左、右、中，在此设置为居中对齐。

4. Background: #FFF

设置背景色为白色，这里颜色使用了缩写，完整的应该是 background：#FFFFFF。background 可以用来给指定的层填充背景色、背景图片，以后我们将用到如下格式：

background：#ccc url（'bg.gif'）top left no-repeat；

它表示使用#ccc（灰度色）填充整个层，使用 bg.gif 作为背景图片，top left 表示图片位于当前层的左上端，no-repeat 表示仅显示图片大小而不填充满整个层。

5. Top/right/bottom/left/center

用于定位背景图片，分别表示上 / 右 / 下 / 左 / 中；还可以使用 background：url（'bg.gif'）20px 100px，表示 X 坐标为 20 像素，Y 坐标为 100 像素的精确定位；

repeat/no-repeat/repeat-x/repeat-y

分别表示 填充满整个层 / 不填充 / 沿 X 轴填充 / 沿 Y 轴填充。

6. Height / width / color

分别表示高度（px）、宽度（px）、字体颜色（HTML 色系表）。

【疑难解答】如何使页面居中？大家将代码保存后可以看到，整个页面是居中显示的，那么究竟是什么原因使得页面居中显示呢？

这是因为我们在#container 中使用了以下属性：margin：0 auto。

按照前面的说明，可以知道，上下边距为 0，左右为自动，因此该层就会自动居中了。如果要让页面居左，则取消掉 auto 值就可以了，因为默认就是居左显示的。通过 margin：auto 我们就可以轻易地使该层自动居中了。

【小　结】

对于一个高质量的网站来说，应用 CSS 样式表是必不可少的。CSS 样式表的主要优点是便于对网页整体风格进行控制，当更新一处的 CSS 规则时，使用该已定义样式的所有文档的格式都会自动更新为新样式，并且 CSS 还可以制作网页特性。

【习　题】

模仿练习题：使用 DIV+CSS 排版制作一个班级主页。

要求：

（1）整个网页排版采用 DIV 排版，不允许使用表格或框架。

（2）为所有图片加上边框。

（3）设置字号统一为 9 磅，字体为宋体。

（4）为每个网页元素设置 CSS 属性。

2.9　项目九　导航条及表单 JS 控制

【教学内容】

1. 导航条及行为的基本概念、操作方法及简单应用。

2. JavaScript 语法规则。

3. 用 JavaScript 实现表单常用功能验证。

【教学目的】

1. 理解导航条及行为面板的基本概念，掌握导航条的创建及管理，掌握行为面板的操作方法及常用行为的创建。

2. 熟悉 JavaScript 实现表单验证的方法。

【重难点】

重点：导航条的创建与编辑、行为和事件的概念、行为面板的使用以及行为的创建与编辑的基本方法。

难点：行为和事件的概念，行为面板的使用以及行为的编辑方法。

【教学方法】

提问、讨论、案例分析、操作演示相结合。

【建议学时】

4 学时。

2.9.1　子项目 1 下拉菜单导航条的 JS 控制

如图 2-9-1 所示，导航效果给网页增添了色彩，使页面显得富有灵动性，充满了生机。

图 2-9-1　D 导航条的 JS 控制效果图

问题1：当前选中导航怎么变色的？

问题2：下拉导航是如何设计的？

制作步骤如下：

1. 设计导航条

（1）移动光标到需要导航条的地方。

（2）按如图2-9-2所示方法插入导航条：插入菜单栏对话框，在菜单栏中单击"插入"，选择"Spry（s）"→"Spry菜单栏"。

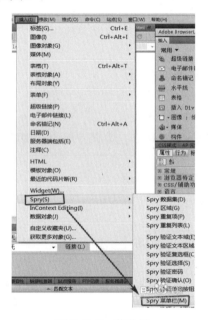

图2-9-2 菜单栏

（3）在Spry菜单栏窗口里选择"水平"或"垂直"，并单击"确定"，如图2-9-3所示。

图2-9-3 菜单选择

（4）菜单栏在页面出现，如图2-9-4所示。

图2-9-4 确定之后效果图

（5）选中 Spry 菜单栏，在下面属性面板里选择项目 1，输入文本内容与对应链接，如图 2-9-5 所示。

图 2-9-5　菜单设计

（6）文本框里输入"百度经验"，链接也输入百度经验的网址，这样一条菜单就完成了，如图 2-9-6 所示。

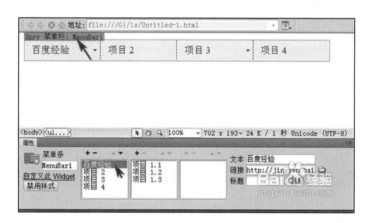

图 2-9-6　菜单完成

（7）设置完所有项目后，点击"在浏览器中预览/调试"按钮，如图 2-9-7 所示。

图 2-9-7　效果图

（8）在浏览器中的效果如图 2-9-8 所示。

图 2-9-8　浏览器中的效果图

2．添加行为

（1）首先调出行为，如图 2-9-9 所示。

（2）点击窗口的行为后，在右边就会出现如图 2-9-10 所示的行为面板，点击"+"，添加想要添加的行为。如果该选项显示为灰色显示，说明当前所选中的对象不支持此行为。

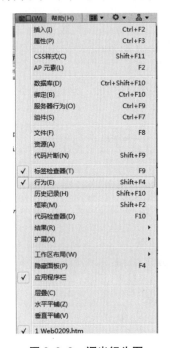

图 2-9-9　调出行为图　　　　　　　　　图 2-9-10　选择行为

（3）选择了支持的行为后，将打开相应的对话框。对于不同的行为，打开的对话框不同。如选择"弹出信息"选项，则打开"弹出信息"对话框，如图 2-9-11 所示。

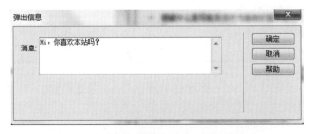

图 2-9-11　行为面板中添加"弹出信息"行为

（4）在该对话框中进行相应的设置后，单击确定按钮，即在"行为"面板列表中添加了一个"弹出信息"行为，如图 2-9-12 所示。

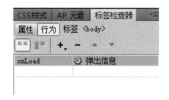

图 2-9-12　行为面板中添加的"弹出信息"行为

（5）"事件"列表中显示的是默认的事件，若事件不是所需要的事件，则可以单击该事件，"事件"列表变为"事件"下拉列表框，单击"+"按钮，从弹出的下拉列表框中重新选择需要的事件即可，如图 2-9-13 所示。

图 2-9-13　事件下拉列表框

2.9.2　子项目 2　姓名、密码、邮箱的 JS 验证

在之前的例子中，我们学会了如何在 Dreamweaver 应用表单和表单项，接下来介绍一下如何使用 Dreamweaver 实现表单验证。

（1）首先，创建一个表单页面，如图 2-9-14 所示。

图 2-9-14　表单验证页面

（2）按照之前的方式给 ID 为 name 的文本域添加一个特效，如图 2-9-15 所示。

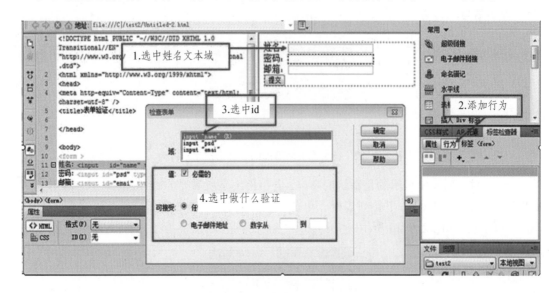

图 2-9-15　验证行为的添加

采用同样的方法，将所有的表单元素添加上行为"表单验证"，姓名做不为空的验证，密码做不为空且只能输入数字的验证，邮箱做不为空且必须是电子邮件地址的验证。

最后，在浏览器中查看效果，如图 2-9-16 所示。

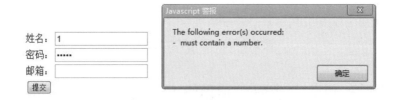

图 2-9-16　表单验证效果图

在此子项目中，密码处输入了非数字字符，浏览器立即给出警告信息，从而实现一个简单的表单验证。

【小　结】

本节分析演示了导航条的创建与编辑的基本方法以及行为和事件的概念，操作演示了行为面板的使用以及行为的编辑方法。

【习　题】

模仿练习题：在之前的班级网页中利用插入导航条建立一个旅游网。

要求：

（1）交换图可以在 Photoshop 或者 Fireworks 中设计。

（2）只需要建立初始状态和鼠标上移时的两张交换图即可。

（3）设置当打开页面时即弹出对话框的行为。

2.10 模块小结

2.10.1 模块重难点指导

重点：超链接，DIV+CSS 布局排版。
难点：DIV+CSS 布局排版。

2.10.1.1 超链接

1. 超链接到底是什么?

如图 2-10-1 所示为 Hao123 导航页面。

图 2-10-1 Hao123 导航页面

在这个网页中，有很多用"椭圆"圈出的文字、图片，这些文字、图片用鼠标点击后会打开一个新的页面。这种能链接到其他页面的行为叫作超级链接。再比如在网上看新闻时，我们会点击相应的标题来查看更详细的内容，如图 2-10-2 所示。

图 2-10-2 新闻标题超链接示意图

2．超链接如何应用？

超级链接的语法规则：

<a href="要链接的网页地址">显示给浏览者点击的文字</a>

示例：

<a href=" www.scitc.com.cn">四川信息职业技术学院</a>

当我们点击"四川信息职业技术学院"时，浏览器就会打开 www.scitc.com.cn 这个网址。

2.10.1.2　DIV+CSS 布局排版

1．怎么理解 DIV？

DIV 就是 HTML 中将文档内容分割成块的标签元素，如图 2-10-3 所示。

图 2-10-3　DIV 应用示例图

DIV 也可以理解为框容器，犹如上课的教室，几千人不可能都在操场上上课，正确的做法是把学校划分成若干区域，在相应区域修筑几栋楼，再把每一栋楼拆分成若干层，每一层又拆分成若干房间，最后把学生编排到各个房间去上课，这样既互不干扰，又整齐美观。

按照这种思路，我们把网页要显示的内容进行分类和区域划分，用 DIV 把他们分割开来，再结合 CSS 技术将其定位到对应位置。

2．怎么理解 CSS？

CSS 就是用来修饰、装扮网页元素的代码，如图 2-10-4 所示。

在网页设计时我们可以编写一个 CSS 文件，让这个网站的所有页面都调用它，这样我们就可以用最少的代码让整个网站达到一致的外观样式，不但风格统一，而且维护起来也更加方便快捷，网站越庞大，效果越明显。

CSS 的语法规则：

选择器　{ 样式属性 1：值 1；样式属性 2：值 2……}。

CSS 有两个重要的组成部分：选择器和属性设置列表。

CSS 语法规则示例如图 2-10-5 所示。

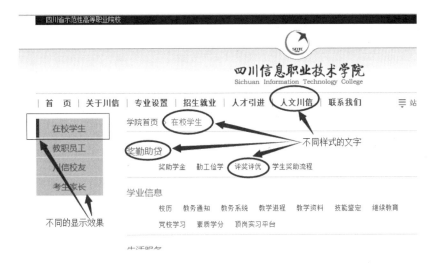

图 2-10-4　CSS 应用示例（1）

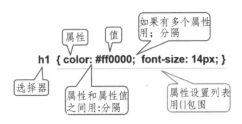

图 2-10-5　CSS 语法规则

另一应用示例如图 2-10-6 所示。

```
#my { color: #ff0000; font-size: 16px; }
#p1  { font-size: 13px; }
#p2  { font-size: 12px; text-indent: 2em; }
.td1  padding: 5px; color: #666666; }
.td2  padding: 5px; color: #ff0000; }

<div id="my">关于静态网页设计考试的通知</div>
<div id="p1">各位同学：</div>
<div id="p2">静态网页设计期末考试安排表如下：</ div>
<table><tr>
<td class ="td1">时间：</td>
<td class ="td2">2011-11-10  9:30</td>
</tr></table>
```

图 2-10-6　CSS 应用示例（2）

CSS 选择器又包括 html 标签选择器、id 选择器和 class（类）选择器，如图 2-10-7 所示。其中，id 选择器和 class 选择器是最常用的选择器。想要做好网页结构，id 与 class 都是必须熟练掌握的。id 选择器就像狙击枪一样，可以帮助我们精准地定位到想要加载样式的元素；而 class 则是侠客的佩剑，信手拈来更加轻盈灵便。两者的结合能够实现结构良好且表现丰富的页面。

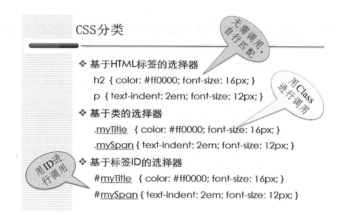

图 2-10-7　选择器应用示例

2.10.2　模块测试题

一、选择题

1. 下面说法正确的是（　　　）。

A. 站点内所有的文件都应该放在一个目录下

B. 在制作站点时采用的颜色越多越好

C. 在站点的三级结构中，二级页面之间、三级页面之间应保持风格一致

D. 为了使目录名明确，应该采用中文目录名

2. 如果允许用户在选择菜单框中同时多选几个项目，应该使用的属性是（　　　）。

A. multiple　　　　　　　　B. nowrap

C. wrap　　　　　　　　　　D. submit

3. 在 HTML 中设置背景音乐可以使用的标记是 bgsound 或（　　　）。

A. <sound>　　　　　　　　B. <bgground>

C. <embed>　　　　　　　　D. <bgmusic>

4. 使用 CSS 对文本进行修饰时，若要使文本闪烁，text-decoration 的取值应为（　　　）。

A. none　　　　　　　　　　B. underline

C. overline　　　　　　　　D. blink

5. HTML 中表示表格标题的标记为（　　　）。

A. <table>　　　　　　　　B. <caption>

C. <title>　　　　　　　　D. <form>

6. HTML 文件中插入图片时，对插入的图片进行文字说明的是（　　　）。

A. Align　　　　　　　　　B. Ctrl

C. Caps　　　　　　　　　　D. Alt

7. 在 CSS 中，垂直对齐属性的取值为 top 表示（　　　）。

A. 写在其他元素的上方

B. 写在其他元素中线的上方

C. 以其他普通元素的顶线作为被定义元素的顶线

D. 以其他文本元素的顶线作为被定义元素的顶线

8. 若 CSS 的文本修饰属性取值为 text-decoration：overline，则表示（　　　）。

A. 上划线
B. 下划线

C. 不用修饰
D. 横线从字中间穿过

9. BOX 模型中，Margin 属性的数值赋予顺序为（　　　）。

A. 顶、右、底、左
B. 顶、底、左、右

C. 左、右、顶、底
D. 顶、左、底、右

10. CSS 的含义是（　　　）。

A. 级联样式表
B. 文档对象模型

C. 可扩展标记语言
D. 客户端脚本程序语言

二、实践题

请实现效果如图 2-10-8 所示的网页。

图 2-10-8　表单效果图

三、简答题

1. 用 HTML 语言回答一个 HTML 文件应具有的基本结构。

2. 简述网站目录结构组织的原则。

四、设计题

（一）在前期基础之上，完成一个班级主页的建立。

要求：

（1）整体布局采用 DIV+CSS 布局。

（2）网站包含以下栏目：班级首页、学员风采、教师风采、学习资料、班级公告、资源共享六个部分。

（3）所有网页的整体布局保持一致。

（4）色调搭配合理，赏心悦目。

（5）适当使用音频、视频、图片、flash 等多媒体元素。

（6）注意浏览器的兼容问题。

（二）家乡是我们魂牵梦萦的地方，每个人的家乡都有其不同的历史与特色。为了向全世界推广家乡，特要求制作一个家乡网站首页。

要求：

（1）整体布局采用 DIV+CSS 布局。

（2）网站包含七个栏目：家乡首页、家乡简介、地理环境、历史与现状、名优特产、旅游资源、公告栏。

（3）所有网页的整体布局保持一致。

（4）色调搭配合理，赏心悦目。

（5）适当使用音频、视频、图片、flash 等多媒体元素。

（6）注意浏览器的兼容问题。

模块三　美化网页

【学习目标】

本模块解决如何让网页更美的问题。主要讲解网页美工知识，包括网站配色、版面设计、PS 作图等。通过本模块的学习，应达到如下目标：

1. 理解网页美工的基本概念，弄清网页美工需要做哪些工作内容。

2. 了解色彩学的基本原理与常识，熟知网页配色的常见问题，并能根据项目需求对网站进行配色。

3. 了解网站版式的一些常识，并熟知常用的版式设计及其特点。根据项目需求进行页面整体设计。

4. 能使用 PS 等相关工具制作页面，熟练掌握切片方法和技巧。

5. 能使用 Swish 等工具制作、生成一些简单的网页动画。

6. 能熟练运用上一模块学习的 DIV+CSS 进行界面编排和布局。

【模块导学】

本模块的主要知识是网站配色、版式设计和 PS 页面制作。重点强调了美学的内容。建议在学习时遵照如下方法来深入理解这些内容：

1. 赏析名作，积累经验法

网站配色和版式设计犹如日常穿衣，需要有一定的艺术审美观。网页设计师通常可以凭借直觉感受或者多次反复实验进行配色。但作为初学者，建议同学们多赏析一些大师们设计的作品，从中学习设计理念、技巧和灵感等。

平时漫游网络时，也要细心观察网站上设计优良的图片资源、动画等，甚至可以将他们保存下来，留作参考，获取设计灵感。如图 3-1～图 3-3 所示为网站名作，可供赏析参考。

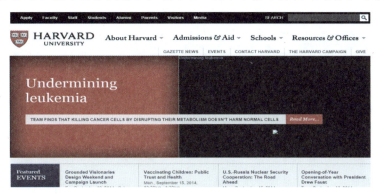

图 3-1　名作赏析（1）

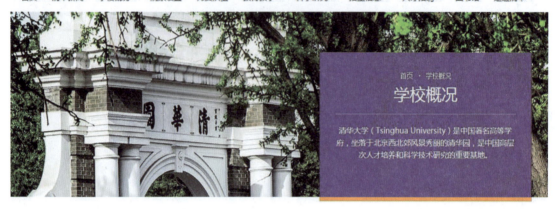

图 3-2　名作赏析（2）

图 3-3　名作赏析（3）

2. 反复操练，钻研技巧

本模块的另一个重点就是使用 PS 等工具进行页面制作，包含整页设计、页面元素设计（广告图片、Banner 等），如图 3-4 所示。要想快速制作精美的网页，就要熟练使用 PS 工具。而对 PS 熟练应用的唯一方法就是要反复操练，钻研技巧，熟悉 PS 的各快捷键，并学习一些特效处理等，如图 3-5 所示。

深圳市素马设计机构提供高端网站建设服务，专注于尖端的网站制作技术和国际化视觉设计。期待与您通过良好沟通构建优秀的企业品牌网站，欢迎来电深圳网站建设热线 0755-86658621咨询。

图 3-4　网页界面设计学习

图 3-5　PS 技术学习

3.1　通过实例赏析理解网页配色

【教学内容】

1. 色彩对网页的影响。
2. 网页配色常见问题。
3. 网页色彩基础。
4. 网页色彩的构成。

【教学目的】

了解颜色的基本构成及颜色间搭配的一般规律。

【重难点】

色彩构成。

【教学方法】

讲授与案例分析相结合。

【建议学时】

2 学时。

3.1.1 色彩构成对网页的影响

网页配色在网页设计中起着非常关键的作用，不同的色彩搭配会给人不同的心理感受。好的色彩搭配能够在瞬间吸引浏览者的目光，给浏览者美感和愉悦感，从而轻松阅览网页。

如图 3-1-1 所示为两个网站界面配色，好的网页色彩构成对页面可以起到划分视觉区域、引导主次关系、营造网站主题气场的作用。

图 3-1-1 效果图欣赏

3.1.2 网页配色常见的问题

如图 3-1-2 所示为网站分析图，看起来界面设计还不错，但如果仔细观察，很容易得出以下结论：

（1）图 3-1-2（c）：色彩杂乱、没有规律。

（2）图 3-1-2（a）：色彩明度和纯度单一，没有层次。

（3）图 3-1-2（b）：色彩的面积比例不协调。

（a）　　　　　　　　　　（b）　　　　　　　　　　（c）

图 3-1-2　网站分析图

3.1.3　色彩的基础知识

颜色是由于光的折射产生的，可分为原色、间色和复色。

（1）原色：混合产生各种色彩的最基本的色，是任何色彩无法调制出来的，也称为一次色。

色光三原色：朱红光、翠绿光、蓝紫光。

色料三原色：红（品红或玫瑰红）、黄（柠檬黄）、蓝（湖蓝）。

（2）间色：两种原色的等量混合产生的。在伊顿的十二色相环中，间色处于两种原色之间，也称为二次色。

（3）复色：在间色的基础上产生，是两种间色或三原色的混合。复色也称为再间色或三次色。

常见的色彩表述为 HSB、RGB、CMYK。

HSB 是色相、纯度和明度的缩写，在业界使用较多。

RGB 是光的三原色，三原色等比例混合为白色，也叫加色混合。

CMYK 是色料的三原色混合，等比例混合后的结果为黑色，为间色混合，如图 3-1-3 所示。

大自然颜色是丰富的，而 RGB、CMYK 只能表现出其中的一部分，如图 3-1-4 所示。

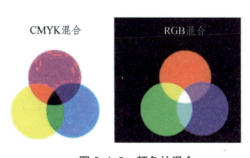

图 3-1-3　颜色的混合

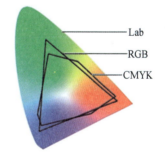

图 3-1-4　颜色范围

自然界中除了彩色外还有无彩色，即白色、黑色或由这两种色调合形成的各种深、浅不同的灰色。按照一定的变化规律，它们可以排成一个系列，由白色渐变到浅灰、中灰、深灰到黑色，色度学上称此为黑白系列。

图 3-1-5　无色彩

网页制作采用彩色还是非彩色好呢？根据专业的研究机构研究表明：彩色的记忆效果是黑白的 3.5 倍。也就是说，在一般情况下，彩色页面较黑白页面更加吸引人，如图 3-1-6 所示。

图 3-1-6　有彩色和无彩色的对比

色相：色彩的最大特征。所谓色相是指色彩的相貌，用于区别各种不同色彩的名称，也就是辨别色彩的差异，指不同波长的光给人的不同的色彩感受。色彩的色相是按照一定的规律推移的。人们给这些可以相互区别的色彩设定名称，并把简单的色彩，如红、橙、黄、绿、青、蓝、紫，定为基本色相，排列形成一种秩序，称为色相推移。

纯度（饱和度）：颜色的色彩鲜浊、饱和和纯净的程度，有时也称之为色彩的饱和度。纯度的高低是颜色色感的决定因素。

明度：色彩的明暗程度，对光源来说指光度，对物体色来说指明暗程度。

3.1.4　色彩的心理感受

色彩有冷暖之分，不同的颜色会给浏览者不同的心理感受，如图 3-1-7 所示。

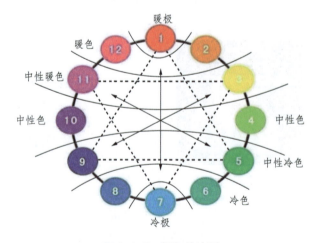

图 3-1-7　颜色的冷暖

（1）红色——能使人产生冲动、愤怒、热情、活力的感觉。

（2）橙色——具有轻快、欢欣、热烈、温馨、时尚的效果。

（3）黄色——具有快乐、希望、智慧和轻快的个性，它的明度最高。

（4）绿色——介于冷暖两种色彩之间，具有和睦、宁静、健康、安全的感觉。它和金黄、淡白搭配，可以产生优雅、舒适的气氛。

（5）橙色——也是一种激奋的色彩，具有轻快、欢欣、热烈、温馨、时尚的效果。

（6）蓝色——是最具凉爽、清新、专业的色彩。它和白色混合，能体现柔顺、淡雅、浪漫的气氛（像天空的色彩）。

（7）紫色——具有神秘、忧郁、深邃的感受。

（8）白色——具有洁白、明快、纯真、清洁的感受。

（9）黑色——具有深沉、神秘、寂静、悲哀、压抑的感受。

（10）灰色——具有中庸、平凡、温和、谦让、中立和高雅的感觉。

每种色彩在饱和度、透明度上的略微变化都会产生不同的感觉。以绿色为例，黄绿色有青春、旺盛的视觉意境，而蓝绿色则显得幽宁、深邃。

3.1.5　网页的色彩构成

色相环中的色相是有固定度数的，并且不同色相之间的搭配可以分为同类色、类似色、互补色的搭配，如图3-1-8所示。

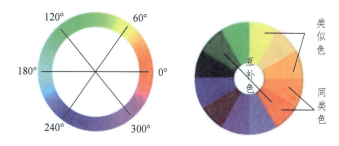

图 3-1-8　色相环

（1）同类色相构成：在色相环上的距离角度在 5 度以内的色相，如红色与橙红色、黄色与黄绿色、蓝色与蓝紫色，如图 3-1-9 所示。

图 3-1-9　同类色网页效果图欣赏

97

（2）类似色相构成：60 度以内，和谐、安详、耐看可通过变化明度、纯度加强对比。如红色与橙色、蓝色与绿色、蓝色与紫色，如图 3-1-10 所示。

图 3-1-10　类似色网页效果图欣赏

（3）对比色相构成：120 度左右，对比强烈、鲜明、饱满、华丽、活跃，如图 3-1-11 所示。

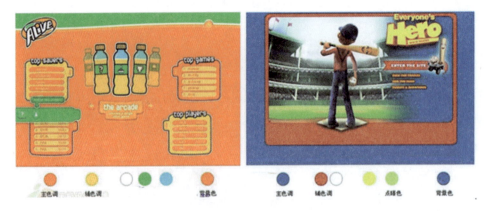

图 3-1-11　对比色网页效果图欣赏

（4）互补色相构成：180 度左右，为最强色相对比，如图 3-1-12 所示。

图 3-1-12　互补色网页效果图欣赏

（5）无彩色构成：

◆ 黑白：对比强烈、分明、眩目、刺激，具有阴阳互补效果。

- ◆ 黑灰：深沉、模糊，具有神秘感。
- ◆ 灰白：轻飘、软弱，具有暧昧感。
- ◆ 黑灰白：如果等级间隔适当，最具层次感和明快感。
- ◆ 无彩色点缀有彩色构图：无彩色与任何有彩色搭配都能取得很强的调和感，如图3-1-13所示。

图 3-1-13   无彩色点缀彩色网页效果图欣赏

3.1.6   网页色彩使用中面积对比

面积对比：指各种色彩在画面中所占的面积比例变化和差别引起的色相、明度、纯度、冷暖等方面的对比（见图 3-1-14）。

相同色彩的面积对比：面积相同对比效果弱，面积差别越大对比效果越强；

不同色彩的面积对比：两色面积相差不多对比相对强烈，面积差别越大，对比效果越弱；大面积会对面积较小的起到烘托或者融合的作用。

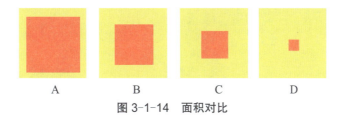

图 3-1-14   面积对比

通过明度、纯度、面积的对比，在不同颜色间寻求调和点。那么什么样的色彩构成算是调和了的呢？

色彩搭配在一起，既不过分刺激，也不过分平板。也就是说，看起来"舒服"还是"不舒服"？"舒服"就说明调和了。

【小　结】

本节首先对色彩对网页的影响及网页配色常见问题进行了分析，然后从网页色彩基础出发，介绍了网页色彩构成中色相、明度、饱和度之间的关系。

【习　题】

对如图 3-1-15～图 3-1-18 所示网页色彩构成进行赏析。

图 3-1-15　网页效果图欣赏（1）

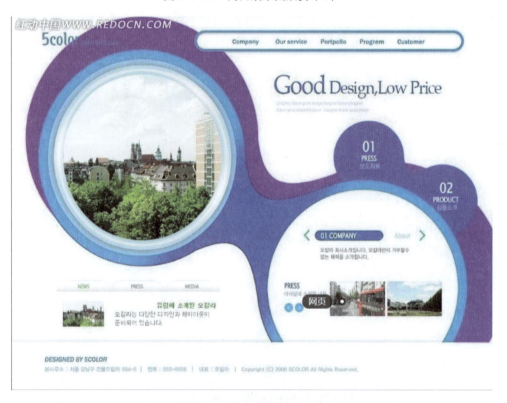

图 3-1-16　网页效果图欣赏（2）

图 3-1-17　网页效果图欣赏（3）

图 3-1-18　网页效果图欣赏（4）

3.2 通过实例赏析理解版面设计

【教学内容】

1. 认识网页版式设计。
2. 网页元素造型。
3. 版式形式和构成。

【教学目的】

认识网页版面设计中的重要因素，掌握元素造型、版式形式与构成的一般原则，能灵活地根据网站的特点进行网页版面设计。

【重难点】

版式形式与构成。

【教学方法】

讲授与案例分析相结合。

【建议学时】

2 学时。

3.2.1 认识网页版式设计

在网页设计中根据特定的主题和内容，把文字、图形、图像、动画、视频、色彩等信息传达要素界定在一个范围内，有机地、有秩序地、艺术性地组织在一起，形成协调、美观、有特点的页面。

版式设计的三个重要因素：元素造型、版式形式、版式构成。

3.2.2 网页元素造型

网页元素造型即文字、图形、图像等在画面中的大小、方向、排列组合，也就是对点、线、面及留白的处理。

点的作用：点有集中醒目的特点，给人明确、坚定、充实的感觉，可强调重点表现的对象，如图 3-2-1（a）所示。

线与面的作用：线与面不仅能作为造型元素，同时还是划分空间的有力武器。由线和面形成的对空间的分割与遮挡使空间的层次得以延伸，形成距离美感。

一张普通的图片经线、面分割后，形成了色调、面积等方面的对比关系，使画面的层次分明，突出了中心内容，如图 3-2-1（b）所示。

留白：所谓"留白"，就是除文字、图片、图案等信息要素以外的空白空间。"留白"与其他元素一样具有大小、形状等特征，它与其他元素的关系就是"图"与"地"的关系，是相互依存、相互衬托的。

在网页设计中，"无意"的留白应与"有意"的造型一样引起足够的重视，因为"无意"的留白空间有时给人的视觉冲击会高于其他的元素所带来的效果，如图 3-2-1（c）所示。

（a）　　　　　　　　　　（b）　　　　　　　　　　（c）

图 3-2-1　点、线、面及留白的案例效果图

点线面之间的关系：根据大小、方向等因素，文字与图片在一个页面中既可以是点，可以是线，也可以是面。孤立的、小的文字与图片，在页面中往往被视为页面中的点。按一定方向、秩序排列的字与图片会形成视觉上的线，它在界面中一般起到引导和分割的作用。面多数是由文字、图形、图像形成的，有时也会是由小字块构成，起到突出主题和衬托的作用。

3.2.3　网站版式形式

网站板式构成主要是处理好以下几个方面的关系：分割与比例、重复与渐变、对称与均衡、节奏与韵律、统一与变化等。

1. 分割与比例

空间分割是设计中最常用的造型方法之一，它所解决的就是如何把文字、图形、图像巧妙的配置在限定的版面空间的问题，同时还要确保有主有次，相互关联，如图 3-2-2（a）所示。

（a）　　　　　　　　　　（b）　　　　　　　　　　（c）

图 3-2-2　页面的分割与比例

2. 重复与渐变

重复是指相同或相似的形态规律性的连续出现。重复是构成中最常见的一种形式，有一定秩序的重复能够给人统一、有节奏、连续、平稳等感觉，重复又分单纯重复和渐变重复两种。单纯重复就是单一个体的反复出现，它的形状、大小、方向、颜色都不作改变，这种重复多被采用作背景图案或底纹。渐变是在重复的基础上连续性的又有一些变化，有时是形状上的变化，有时是方向上的变化，或者是色彩的变化，这种变化与重复给人感觉整齐而多样，如图 3-2-2（b）、（c）所示。

3. 对称与均衡

对称分为绝对对称和相对对称。绝对对称是指以中心线或中心点为轴，作上下、左右等放对折或对调后于原图同等或同量，这种形式能展现出严正、庄重、肃穆、沉静的特征。相对对称是在对称的格局中存在部分形状或色彩等方面的微小变化，这种对称形式具有对称的稳定性，同时又富于变化。相对对称的表现形式较多，如形状置换、方向颠倒、体量变化、位置交叠、动势变化等，如图 3-2-3 所示。

图 3-2-3　平衡页面效果图欣赏

4. 节奏与韵律

节奏的概念比较抽象，构图关系、颜色变化、形状对比都能产生节奏。在一个网页中，节奏可能是缓慢的，也可能是铿锵有力的，这都要靠对比来实现，可以说没有对比就没有节奏。如图 3-2-4（a）所示，颜色上没有对比，面积基本相等，排列均匀，缺乏节奏。如果将它改造成如图 3-2-4（b）的样子，页面明显有了变化，图形的面积、排列都有区别，存在对比，具有了节奏。而曲线通常能表现韵律，传达浪漫、抒情等感觉，如图 3-2-4（c）所示，该网页具备了韵律。

（a）　　　　　　　　　　　（b）　　　　　　　　　　　（c）

图 3-2-4　节奏与韵律的变化

3.2.4　网页版式构图

（1）水平式构图：也叫作横板构图，就是把画面水平地分成几部分，分别放入图片或文字内容。这种构图给人的感觉比较稳重、开阔、舒展、自由，适合各种不同类型的网站设计，如图 3-2-5（a）所示。分割后的画面应体现主次关系，并尽量突出主题，注意不要使分割显得过于生硬呆板，图形要生动活泼、具有动感。有时可以通过一些图形或文字的跨越打破界限，也可以协调各区域色彩而使之调和，或处理分割区域的边缘以达到融合的目的，如图 3-2-5（b）所示。

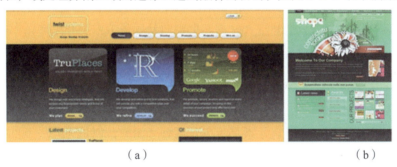

（a）　　　　　　　　　　　　　　　　　　　（b）

图 3-2-5　三字构图

（2）垂直式构图：纯粹的垂直式分割构图在网页中出现不多。这种版式的网页设计往往对比感强，结构清晰，但变化较少，有时也不够灵活，如图 3-2-6（a）所示。

（3）交叉式构图：垂直水平分割同时出现在同一个页面中，集中了垂直与水平的特点和优势，网页浏览更为方便、快捷，适合不同浏览习惯的人群，如图 3-2-6（b）所示。

（4）倾斜式构图：制作、浏览均不便，所以出现不多。但能给人强大的视觉冲击力，适用于运动、时尚、娱乐等表现速度、前卫的网站，如图 3-2-6（c）所示。

（a）　　　　　　　　　　　（b）　　　　　　　　　　　（c）

图 3-2-6　不同构图方式欣赏

（5）圆弧式构图：会使画面产生自然流畅、丰富多彩的视觉效果，如图3-2-7（a）所示。

（6）背景式构图：以一张图片作为网页背景，其他网页元素都放在上面。优点：给人以非常整体自然的感觉，创作也十分自由，一些视觉效果和无需变化的元素都可制作在背景里。

注意：背景图色调要柔和并留有变化页面内容的余地，不可过于繁乱、细碎，喧宾夺主，尤其注意文字部分的背景要能突出文字，不影响内容的可读性，如图3-2-7（b）所示。

（7）中心式构图：主体置于页面中心，吸引用户视线以突出主体，页面背景和其他部分简洁、单一，如图3-2-7（c）所示。

（a）　　　　　　　　　　　（b）　　　　　　　　　　　（c）

图3-2-7　不同构图方式欣赏

（8）棋盘式构图：通过水平和垂直分割，把画面分成多个大小相近的区域，像棋盘的格子，分别放置图片和文字内容。优点：形式活泼、随意而不失规范，页面感觉内容丰富、饱满，具有趣味；缺点：容易分散人的注意力，不易表现比较严肃的主题，也不适合文字内容多的页面。如图3-2-8（a）所示。

（9）散点式构图：与棋盘式相似，但更随意，无规律，讲究形散而神不散，看似零散，实际上需精密构思。页面上的所有元素都不应是可有可无的，而是为同一个目的服务，更深刻地表现网站主题，如图3-2-8（b）所示。

（a）　　　　　　　　　　　　　　　（b）

图3-2-8　棋盘式和散点式构图

（10）并置式构图：两个以上的元素在页面上不分主次地并列放置，形成适度节奏感。排列形式不同，画面或整齐严谨或轻松有变化，给人的感觉清新而严谨，有规律性，整体感较强。如图3-2-9（a）所示。

（11）发射式构图：在空间中以一个点或几个点为中心，其他元素作向心或离心状排列。优点：具有明显的节奏感和空间感，发射中心自然称为画面焦点及浏览者的视觉中心；缺点：制作复杂也不易与内容结合。如图 3-2-9（b）所示。

（a）

（b）

图 3-2-9　并置式构图和发射式构图

3.2.5　突　破

所有的规则都是入门级的，是给初学者看的。积累了一定的经验后，好的设计师就应从规则中找到突破口，做到不拘一格，如图 3-2-10 所示。

图 3-2-10　构图中的突破

【小　结】

本节通过案例分析了网页造型元素及造型元素之间的关系，网页版面形式及版式构成。

【习　题】

1. 网页元素造型的意义及各元素造型之间的关系是什么？
2. 网页的版式形式主要有哪些？各有什么样的优点？
3. 分析常见版式构成有哪些？并比较其优缺点。

3.3　工具应用

【教学内容】

1. 图形制作：Illustrator。
2. 图像处理：Photoshop。
3. 项目管理：Fireworks。

【教学目的】

认识网页设计中常用的工具，了解其各自的主要特点。

【重难点】

重点：认识 Photoshop 的工作界面。
难点：Illustrator、Fireworks 基本操作。

【教学方法】

讲授与操作演示相结合。

【建议学时】

2 学时。

3.3.1　网页美工常用工具总览

网页美工常用工具有三种：Illustrator、Photoshop、Fireworks，如图 3-3-1 所示。

图形制作　　　　　图像处理　　　　　项目管理

Illustrator　　　　Photoshop　　　　Fireworks

图 3-3-1　工具介绍

Illustrator：一种应用于出版、多媒体和在线图形的工业标准矢量插画的软件。

Fireworks：网页作图软件，可加速 Web 设计开发，是一款创建与优化 Web 图像和快速构建网站与 Web 界面原型理想工具。

Photoshop：主要处理以像素构成的数字图像。

三个软件的工作界面和操作方法比较类似，下面进行分别介绍。

3.3.2 Illustrator

Adobe Illustrator 作为全球最著名的矢量图形软件，以其强大的功能和体贴用户的界面，已经占据了全球矢量编辑软件中的大部分份额，如图 3-3-2 所示。据不完全统计，全球有 37% 的设计师在使用 Adobe Illustrator 进行艺术设计，尤其是基于 Adobe 公司专利的 PostScript 技术的运用，Illustrator 已经完全占领专业的印刷出版领域。无论是线稿的设计者、专业插画家、生产多媒体图像的艺术家，还是互联网网页或在线内容的制作者，使用过 Illustrator 后都会发现，其强大的功能和简洁的界面设计风格只有 Freehand 能相媲美。

图 3-3-2 Illustrator 工作界面

Illustrator 中设计的网页造型元素可以通过复制粘贴的形式，轻松地放到 Photoshop 中进行再处理。

案例制作：用 Illustrator 绘制联通标志矢量图，如图 3-3-3 所示。

图 3-3-3 联通图标

操作步骤如下：

（1）选择工具箱中的矩形工具，在画布的任一地方单击，出现矩形对话框，设置如图3-3-4所示。

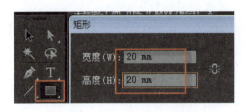

图 3-3-4　矩形工具设置

（2）将矩形描边为黑色，填充选择"无"。

（3）执行"对象→变换→移动"，设置如图3-3-5所示，点击"复制"按钮。

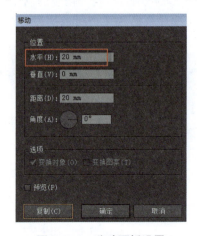

图 3-3-5　移动面板设置

（4）按快捷键"Ctrl+D"，再制作两个。此时效果如图3-3-6所示。

图 3-3-6　复制后效果图

（5）执行"对象→变换→移动"，设置垂直移动20 mm，点击"复制"按钮。重复步骤（4），效果如图3-3-7所示。

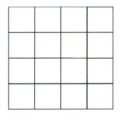

图 3-3-7　复制移动排列

（6）使用选择工具，选中部分矩形删除，删除后如图 3-3-8 所示。

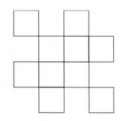

图 3-3-8　删除多余的部分

（7）使用选择工具，选中所有的矩形，按住 Shift 键旋转 45°，如图 3-3-9 所示。

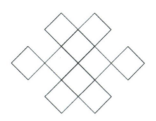

图 3-3-9　旋转后效果图

（8）执行"窗口→路径查找器"面板的"轮廓"命令，如图 3-3-10 所示。

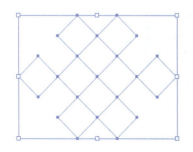

图 3-3-10　轮廓按钮

轮廓命令的作用就是将单个或者目前选中的对象整合为一个新的对象。

（9）创建轮廓之后，我们重新设置对象的描边为 20 pt，红色填充为无，如图 3-3-11 所示。

图 3-3-11　设置描边

（10）选中对象，执行"效果→风格化→圆角"，半径为 20 mm，如图 3-3-12 所示。

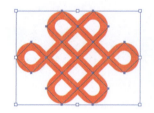

图 3-3-12　风格化设置

（11）执行"对象→扩展外观"，如图 3-3-13 所示。

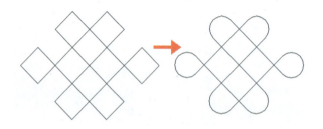

图 3-3-13　扩展外观

（12）执行"对象→扩展"，按照默认设置，确定即可，如图 3-3-14 所示。

图 3-3-14　扩展设置

（13）单击路径查找器第一个联集（合并多余节点），如图 3-3-15 所示。

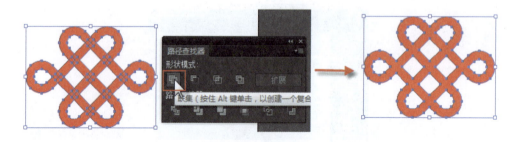

图 3-3-15　合并多余节点

（14）减去中间的部分，得到最终的联通 Logo 图案。选中对象，执行路径查找器的减去顶层命令，完成中国联通最后 Logo 标志绘制，如图 3-3-16 所示。

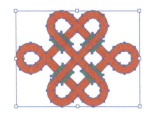

图 3-3-16　效果图

3.3.3　Fireworks

Adobe Fireworks 是 Adobe 公司推出的一款网页作图软件，软件可以加速 Web 设计与开发，是一款创建与优化 Web 图像和快速构建网站与 Web 界面原型的理想工具。Fireworks 不仅具备编辑矢量图形与位图图像的灵活性，还提供了一个预先构建资源的公用库，并可与 Adobe Photoshop、Adobe Illustrator、Adobe Dreamweaver 和 Adobe Flash 软件省时集成。在 Fireworks 中将设计迅速转变为模型，或利用来自 Illustrator、Photoshop 和 Flash 的其他资源。然后直接置入 Dreamweaver 中轻松地进行开发与部署。如图 3-3-17 所示为 Fireworks 工作界面。

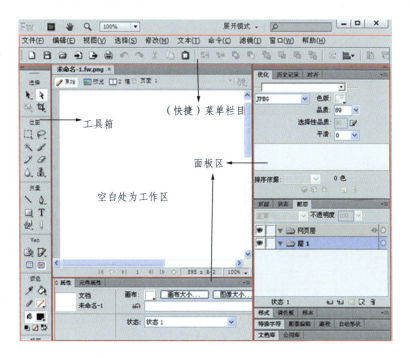

图 3-3-17　Fireworks 工作界面

Fireworks 的页、状态和图层面板使其具有强大的项目管理功能。一个网站中可以有若干个页面，一个页面中可以有若干个状态，每一个状态中可以有若干个图层，如图 3-3-18 所示。

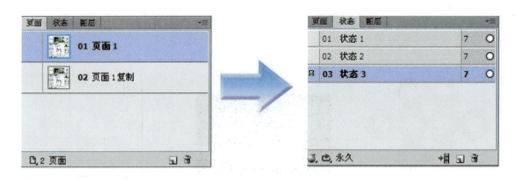

图 3-3-18　工程管理

3.3.4　Photoshop

Adobe Photoshop，简称"PS"，是一款由 Adobe Systems 开发和发行的图像处理软件。Photoshop 主要处理以像素所构成的数字图像。众多的编修与绘图工具可以更有效地进行图片编辑工作。2003 年，Adobe 将 Adobe Photoshop 8 更名为 Adobe Photoshop CS。因此，本书版本 Adobe Photoshop CS6 是 Adobe Photoshop 中的第 13 个主要版本。工作界面如图 3-3-19 所示。

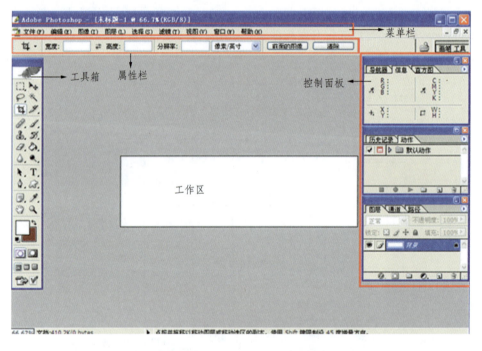

图 3-3-19　Photoshop 工作界面

下面对 PS 工作界面进行简要的介绍：

（1）菜单栏：菜单栏为整个环境下所有窗口提供菜单控制，包括：文件、编辑、图像、图层、选择、滤镜、视图、窗口和帮助等。可通过两种方式执行所有命令：一是菜单，二是快捷键。

（2）工具箱：工具箱中的工具可用来选择、绘画、编辑以及查看图像。拖动工具箱的标题栏，可移动工具箱。单击可选中工具，属性栏会显示该工具的属性。有些工具的右下角有一个小三角形符号，这表示在工具位置上存在一个工具组，其中包括若干个相关工具。

（3）控制面板：可通过"窗口/显示"来显示面板。按 Tab 键，自动隐藏命令面板、属性栏和工具箱，再次按键，显示以上组件。按 Shift+Tab，隐藏控制面板，保留工具箱。

（4）工作区：中间窗口是图像窗口，它是 Photoshop 的主要工作区，用于显示图像文件。图像窗口带有自己的标题栏，提供了打开文件的基本信息，如文件名、缩放比例、颜色模式等。如同时打开两幅图像，可通过单击图像窗口进行切换。图像窗口切换可使用"Ctrl+Tab"。

（5）状态栏：主窗口底部是状态栏，由三部分组成：文本行（右）、缩放栏（左）、文档属性（中）。

关于 Photoshop 基本操作案例，在后面 3.4 节页面元素设计中再做详细叙述。

【小　结】

本节主要介绍了各工具软件的功能特点。通过操作演示，介绍了各工具软件的工作界面和基本使用方法。

【习　题】

熟悉三种工具软件的基本使用方法，在应用中体会各软件的优缺点。

3.4　项目一　页面元素设计

【教学内容】

1. 标致设计：Logo。
2. 导航设计：Navigation。
3. 横幅广告设计：Banner。
4. 按钮设计：Button。

【教学目的】

认识常用页面元素，了解各元素特点及设计注意事项。掌握基本的页面元素制作方法。

【重难点】

Logo 与 Banner 的设计与制作。

【教学方法】

分析、讲授与操作演示相结合。

【建议学时】

4 学时。

3.4.1 子项目1 标志设计（Logo）

1. 标志设计（Logo）

Logo：徽标或者商标。作用：公司识别、推广，能让消费者记住公司主体和品牌文化，如图 3-4-1 所示，很多企事业单位均有自己的 Logo。

图 3-4-1　logo 欣赏

特点：造型简单，意义明确，有统一的标准的企业视觉符号。Logo 是对企业理念、企业文化、企业愿景的展现。

以腾讯为例讲解 Logo 的应用：

2008 年 4 月腾讯网宣布启用新品牌标识，以绿、黄、红三色轨迹线环绕的小企鹅标识取代过去的 QQ 企鹅图案，腾讯传媒、QQ 游戏等业务，都将同期统一更换新标识，如图 3-4-2 所示。

图 3-4-2　腾讯 Logo 分析

Logo（色彩、处理手法、形状）设计关联：以腾讯为例，腾讯的大多产品都以腾讯网 Logo 圆形为基准，做变形创意设计，颜色也是以这 4 种颜色的其中一种作为主色，然后分别选用 4 种中的 2～3 种作为辅助色。设计手法上均为强水晶质感并叠加光影动感效果，使视觉更加炫目，如图 3-4-3 所示。

图 3-4-3　腾讯 Logo 分析

红色——多用于会员商城交易类；

绿色——多用于音乐、校友社区相关类；

蓝色——多用于门户、商务、软件应用类；

黄色——多用于休闲小游戏类。

Logo 的设计原则：遵循人们的认识规律，突出主题，引人注目。

① 认识规律：如从上到下，从左到右，从小到大，从远到近的视觉及审美习惯。

② 突出主题：就设计者要了解站点的定位和发展方向，能够在方寸之间概括出站点的理念。

③ 引人注目：视觉效果要强烈，容易识别、辨认和记忆。

2. 项目制作

学院图标设计，效果如图 3-4-4 所示，设计步骤如下：

（1）打开 Photoshop，点击"文件"→"新建"命令，弹出对话框，参数设置如图 3-4-4 所示。

图 3-4-4　新建 Photoshop 项目文件

（2）按"Ctrl+R"快捷键，调出标尺，在标尺上单击右键，切换到像素显示。用移动工具，放置标尺上按住鼠标左键往画布方向拖出参考线，效果如图 3-4-5 所示。

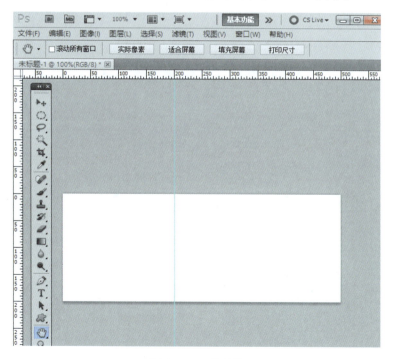

图 3-4-5　参考线

（3）用椭圆选框工具在标尺左侧画一个正圆选区（按 Shift 快捷键），新建图层，命名为"月牙"，设置前景色为蓝色，按"Alt+Delete"填充前景色，效果如图 3-4-6 所示。

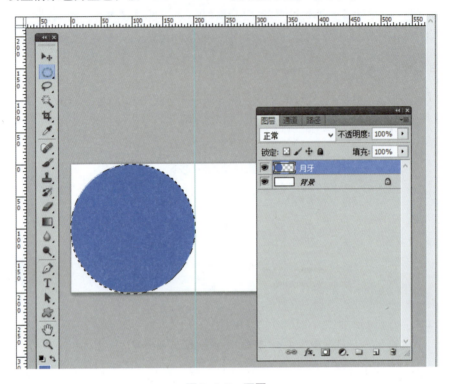

图 3-4-6　画圆

（4）选择菜单中的"选择"→"修改"→"收缩"命令，在弹出的对话框中输入 10，如图 3-4-7 所示。

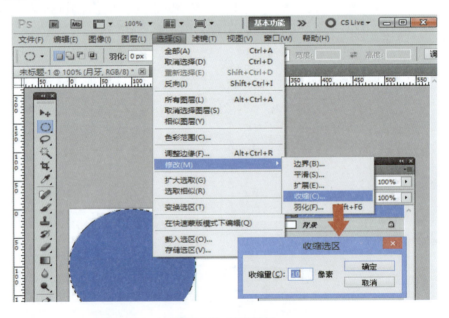

图 3-4-7　修改选区

（5）用选取工具，设置选取属性为新选取，移动选取到合适位置，按 Delete 键删除多余的部分，C 的造型就做好了，效果如图 3-4-8 所示。

（6）用钢笔工具，选择上面工具属性栏的路径，画出 X 的路径雏形。效果如图 3-4-9 所示。

图 3-4-8　删除多余的内容

图 3-4-9　钢笔构图

（7）变换路径，直到形状满意为止。选取前景色为红色，新建图层（命名为 X 层），按"Ctrl+Enter"键，将路径转换为选取，再按"Alt+Delete"键填充前景色，效果如图 3-4-10 所示。

图 3-4-10　填色

本项目用到的 Photoshop 知识点：工具箱基本形状作图、填色、路径及用钢笔工具进行不规则图形勾勒。

3.4.2　子项目 2　导航设计（Navigation）

网站导航就是网站各栏目的快速通道。

导航条的作用：

（1）让用户了解目前所处位置，以及当前页面在整个网站中的位置。

（2）体现了网站的架构层级，能够帮助用户快速学习和了解网站内容和组织方式，从而形成很好的位置感。

（3）提供返回各个层级的快速入口，方便用户操作。

常见类型：文本型、图片型、动画型。

显示位置：可以设置导航栏显示在网页的顶部、底部、左侧、右侧。

制作要求：导航清晰合理，链接关系正确，变更扩展方便。

常见导航类型欣赏：如图 3-4-11 ～ 3-4-16 所示。

图 3-4-11　竖排导航

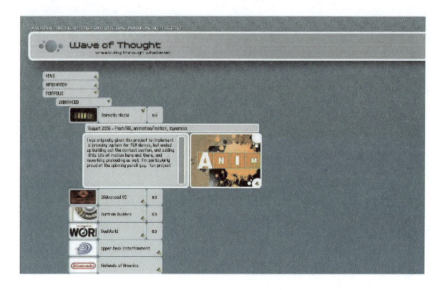

图 3-4-12　有二级目录导航

图 3-4-13　横排导航

图 3-4-14　大面积导航

图 3-4-15　大量信息网站导航发展趋势（1）

图 3-4-16　大量信息网站导航发展趋势（2）

项目制作：导航条设计，效果如图 3-4-15 和图 3-4-16 所示。

（1）启动 Photoshop，新建一个 1 000×200 的画布，选择矩形选框，设置选框属性为宽990、高 50 的固定大小。在工作区适当位置画一个选区，如图 3-4-17 所示。

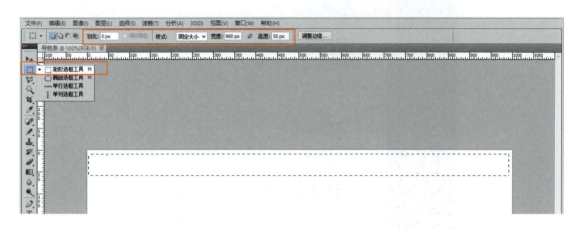

图 3-4-17　画出导航条区域

（2）新建图层，命名为导航背景，在选区中填充白色。设置"导航背景"图层的混合选项，参数如图 3-4-18 所示。

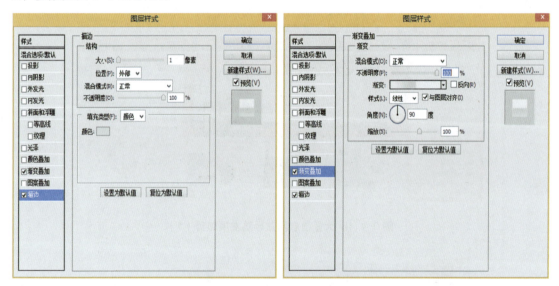

图 3-4-18　导航混合选项设置

（3）新建图层，命名为"竖条"，点击工具箱中的铅笔工具，设置大小为 1，硬度为 100%，在"竖条"图层的适当位置画一个深灰色短竖条和一个白色段竖条，将导航条分段。复制 6个"竖条图层"，移动"竖条"图层中的竖条和复制的最后一个竖条图层，分别将其放置在导航条的左右两边适当位置，然后将竖条和复制后的 6 个竖条图层同时选中，点击属性面板中"水平居中分布"将 7 个竖条图层平均分布。分布后效果如图 3-4-19 所示。

（4）输入导航文字，并用空格调整导航文字至每一个导航框的中心，设置字体属性为微软雅黑，18 点，平滑，效果如图 3-4-20 所示。

122

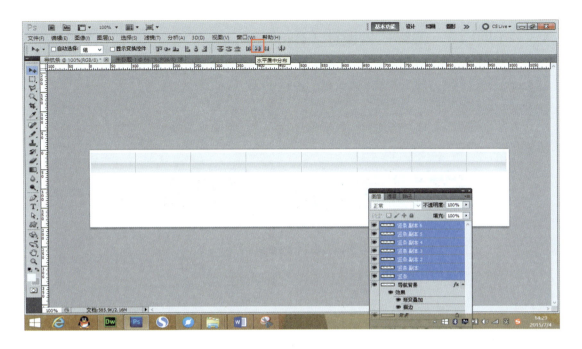

图 3-4-19　图层的排列对齐

图 3-4-20　文字设置后的效果

（5）新建图层，命名为"选中背景"，用矩形选框工具选择新闻信息导航框，用吸管工具吸取新闻信息导航框上面颜色作为前景色，在"选中背景"层上按"Alt+Delete"键填充。然后在图层面板上将"选中背景"图层置于导航文字层的下面。最终效果如图 3-4-21 所示。

图 3-4-21　文字设置后的效果

（6）复制"选中背景"图层，将其重命名为"二级菜单背景"，将该图层移动至导航条下方，按"Ctrl+T"，做自由变换，变换至合适大小。为"二级菜单背景"图层设计混合选项中的描边效果，描一个与导航边一样的边框。在其上输入二级菜单文字。最终效果如图 3-4-22 所示。

图 3-4-22　二级菜单效果

本项目中用到的 Photoshop 知识主要是混合选项的应用。

3.4.3　子项目 3　横幅广告设计（Banner）

Banner 是一个网站的广告位，宣传推广各类产品。

Banner 设计的原则：

（1）主题明确，有针对性地对广告对象进行诉求，形象鲜明地展示所要表达的内容，力求简洁有用，如图 3-4-23 所示。

图 3-4-23　Banner 欣赏

（2）与整个网页的页面风格相协调，如图 3-4-24 所示。

图 3-4-24　页面中 Banner 欣赏

（3）符合用户浏览习惯，方便用户点击，如图 3-4-25 所示。

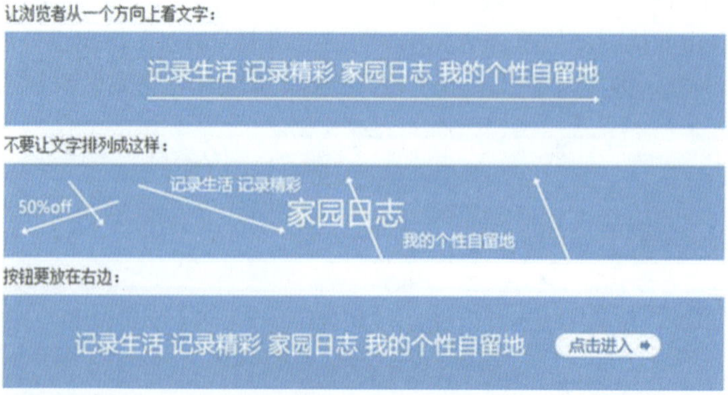

图 3-4-25　用户浏览习惯

项目案例：2015 年两会 Banner 设计，如图 3-4-26 所示。

图 3-4-26 两会 Banner 效果图

操作步骤：

（1）新建一个 1 000×300 的画布，在工具箱中设置前景色为黄色，背景色为绿色。新建画布，命名为背景，用工具箱中的渐变工具在画布上从左至右拖动出黄绿渐变填充，效果如图 3-4-27 所示。

图 3-4-27 设置背景

（2）分别打开素材如图 3-4-28、图 3-4-29 所示，将这两幅图移动到画布中央，缩放合适大小，并放到适当位置，效果如图 3-4-30 所示。

图 3-4-28 素材（1）

图 3-4-29 素材（2）

图 3-4-30 素材（3）

（3）分别为拖出的两幅图的图层命名，名称为素材左边、素材右边，分别为其添加蒙版。用黑白渐变填充蒙版，使其与背景融合。效果如图 3-4-31 所示。

图 3-4-31　将素材拖入主题

（4）新建图层，命名为链接背景。在画布中用矩形选取选择一个 1 000×90 的矩形框。修改前景色为粉色，按"Alt+Delete"键填充，并在上面输入白色文字内容，调整文字大小。在栏目与栏目之间用铅笔工具画 1 个像素的深色分割线。效果如图 3-4-32 所示。

图 3-4-32　素材与背景融合

（5）在上面区域分别输入"2015""聚焦全国两会、关注民生热点"，分别为两个文字层设置"投影"和"描边"图层样式，方法如图 3-4-33～图 3-4-35 所示，至此，2015 全国两会 Banner 制作完成。

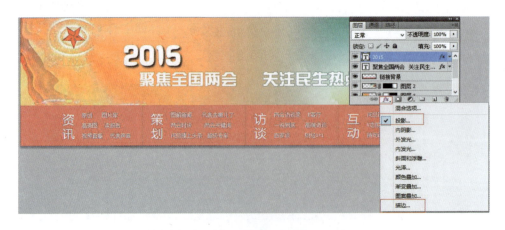

图 3-4-33　设置文字效果（1）

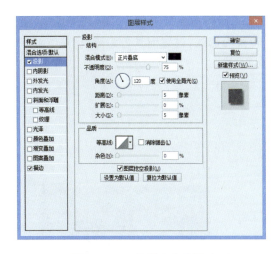
图 3-4-34　设置文字效果（2）

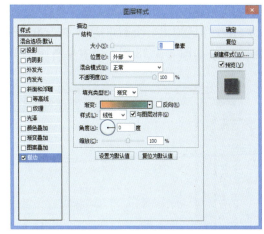
图 3-4-35　设置文字效果（3）

Photoshop 操作知识点：素材提取、图像融合、蒙版、文字工具排版、混合选项的应用等。

3.4.4　子项目 4　按钮设计（Button）

按钮代表着"做某件事"。按钮上的文字需要言简意赅，越简单、越直接越好。按钮的尺寸决定了重要级别，但大到一定程度，会让人潜意识认为那是一块区域，失去点击欲望。按钮的设计要留足内外边距，让其充分通透，不能和网页中的其他元素挤在一起。给较为重要的按钮适当加一些鼠标滑过的效果，会起到画龙点睛的作用。如图 3-4-36 所示。

图 3-4-36　按钮欣赏

操作演示：Photoshop 水晶按钮设计，效果如图 3-4-37 所示。

图 3-4-37　效果图

制作步骤：

（1）打开 Adobe Photoshop，按快捷键"Ctrl+N"，新建一个 570×400、分辨率 72 像素/英寸、RGB 颜色、白色背景的画布。

（2）新建一个图层，命名为"背景"，在工具箱选择圆角矩形工具，并按住键盘中 Shift 不放，在工作区拖出一个圆角矩形，按"Ctrl+Enter"转换为选区，设置前景色为蓝色，按"Ctrl+D"取消选区，如图 3-4-38 所示，效果图如图 3-4-39 所示。

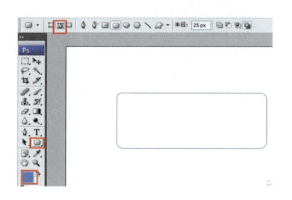

图 3-4-38　制作圆角矩形　　　　　　　　　　　　图 3-4-39　填充颜色

（3）右击"背景"图层，选择混合选项，分别勾选投影、外发光、内发光、斜面与浮雕、光泽、渐变叠加选项，设置图层样式各项的值（见图 3-4-40～图 3-4-44），然后点击"确定"按钮，效果如图 3-4-45 所示。

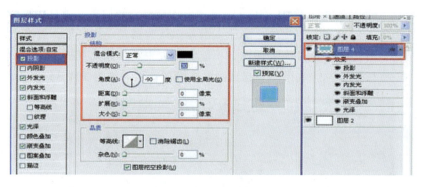

图 3-4-40　设置图形样式（1）

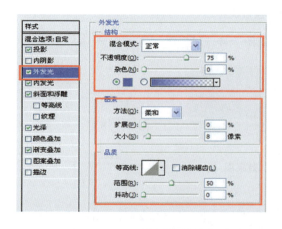
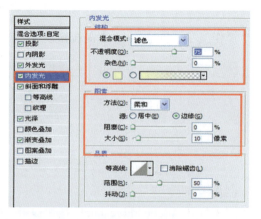

图 3-4-41　设置图形样式（2）　　　　　　　　图 3-4-42　设置图形样式（3）

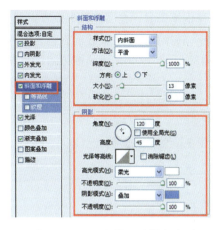

图 3-4-43　设置图形样式（4）　　　　图 3-4-44　设置图形样式（5）

图 3-4-45　设置样式后的效果图

（4）选择"背景"图层，复制一个"背景"图层副本，并给"背景"图层副本添加蒙版，如图 3-4-46 所示。

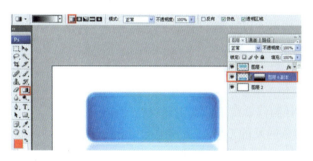

图 3-4-46　添加蒙版

（5）单击工具箱中的横排文字工具，输入 SCHOOL，然后在工具选项栏上设置字体，如图 3-4-47 所示。

图 3-4-47　工具选项栏上设置字体

（6）在图层控制面板新建一个图层，接着在工具箱中选择钢笔工具，在属性栏中设置钢笔为路径，接着在工作区绘制出一个不规则的形状，按"Ctrl+Enter"转换为选区，设置前景色为白色，按"Ctrl+D"取消选区，并设置不透明度为20%，如图3-4-48所示，至此，水晶按钮制作完毕。

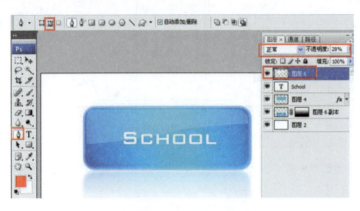

图 3-4-48　设置图

知识点：用工具箱中的图形工具做造型，用样式面板做造型样式设置，或用混合工具选项做造型样式。

【小　结】

本节主要介绍标志（Logo）、导航（Navigation）、横幅广告（Banner）、按钮（Button）在网页中的作用、各自的特点，以及不同的设计规则、设计方法与设计技巧。并在项目制作中对 PS 基础操作进行了反复练习。

【习　题】

1. 用 Photoshop 设计制作学院图标及人民银行图标设计。
2. 试着创作一个娱乐网站的 Logo，并将它设计出来。
3. 用 Photoshop 设计 2015 年两会 Banner。
4. 试着设计如图 3-4-49 所示的 Button。

图 3-4-49　效果图

3.5　项目二　紫韵家纺网主页线框图设计

【教学内容】

1. 线框图的概念及作用。
2. 如何设计制作线框图。

【教学目的】

了解线框图的概念及作用，能运用线框图工具绘制给定需求的网页线框图；掌握利用 PS 工具将网页线框图形成网页效果图的一般方法。

【重难点】

重点：线框图的绘制及页面效果图的制作。

难点：页面效果图的制作。

【教学方法】

分析、讲授与操作演示相结合。

【建议学时】

4 学时。

3.5.1　什么是线框图?

线框图又叫原型图、框架图。它是网站设计方案的重要组成部分，可确定一个建立在基本概念结构上的架构。它是网站策划师、网络产品经理的最后交付文档，虽然有时很粗糙，但可以呈现出最直观、最有效的设计效果。同时，它也指出了视觉设计应该前进的方向。线框图通过安排和选择界面元素来整合界面设计，通过识别和定义核心导航系统来整合导航设计，通过放置和排列信息组成部分的优先级来整合信息设计。

一个页面的信息架构代表内容的层次结构，而线框图则承载的是页面内容的立体框架。根据需要，线框图可以是一个独立页面或一整套页面序列。针对中小型项目时，可能只需要首页以及关键页面的设计；针对复杂项目和大规模的团队协作时，则需要一系列相互关联的线框图，并且包含交互设计部分。

线框图的细节逼真程度，要根据执行团队的实际情况来决定。一般来说，线框图的细节越逼真，执行越流畅，给视觉设计师的发挥空间越小；相反，线框图越粗略，对团队配合的要求越高，视觉设计师发挥的空间越大。一般来说，线框图应尽量做细，一来将更多问题解决在设计前期，二来也可以减少设计师自主发挥时引起工期延长。

依照与最终产品的接近程度，线框图分为低保真和高保真两类。

低保真原型（线框图）通常包括：页面的基本布局，元素的大概位置，交互的基本形式，表单项等。

高保真原型（线框图）通常包括：精确到像素的页面布局，辅助设计元素的数量和位置，图片格式尺寸，屏幕划分，超级链接的标示，带时间轴的 Flash 关键帧，每个交互步骤的界面变化，表单项说明，具体文案等。

高保真的原型，在提交的时候会更具说服力。但缺点也同样明显，同一个原型需要投入更多的时间，一旦设计变更，投入的时间会变多；而且在项目前期，一般很难有充裕的时间做一个高保真的原型，所以在整个设计流程中的应用也有局限。

高保真原型更多情况下是商业建站的时候用到。如果只是用于内部沟通、检验交互问题，视觉的保真度可以退而求其次，以交互的保真度作为主要维度。应该追求速度和数量，尽可能在产品早期尝试多种方案，以发现新想法并降低项目后期风险。

对于两、三个人配合的微型项目（比如中小企业网站），使用低保真原型配合口头沟通就可以解决实际的问题；对于复杂一些的项目，更推荐以"低保真和高保真模型混搭"的模式开展工作。

3.5.2　如何制作线框图？

1. 分析估算屏幕

依照页面逻辑架构，页面中有多少元素，每种元素要占用多大的屏幕面积，这是一个非常复杂的问题。引入一个"标准屏幕"的概念，即常用分辨率中最小宽度和高度的乘积。在这里可能有若干种不同的声音，在宽屏显示器越来越流行的今天，设计多以 1 024×768 像素作为标准屏幕尺寸。

设计低保真时只需要进行粗略的计算，但如果时间充裕，还是推荐将所有元素可能占据的屏幕空间一一列出。最简便的方法是，保存其他网站上类似元素的截图，估算它们占用的屏幕面积，这个估算不必十分精准。

2. 内容分块

"使用纵栏分隔内容能够获得更灵活的页面设计"，看到这句话，那些页面架构师和前端开发人员都会心领神会。众所周知，Web 页面是一个在纵向无限伸展的巨大创作介质，这就是为什么鼠标要设置中间的滚轮。若一定要使 Web 页面向横向伸展，这样的网站的确有，但不符合用户的浏览习惯。

内容分块通常包含四大类：

·页面识别（Page_ID）：包含商标、标语、页面标题、广告词、版权信息等。
·导航系统（Navi）：导航条、面包屑。
·交互工具（Tools）：搜索、登录、功能区、友情链接等。
·内容（Content）：正文、列表、摘要。

3. 向内容分块填充元素

在完成分栏和内容区块划分的基础上，可以把页面逻辑框架中的元素填充到线框图当中去。推荐先以一个项目中最复杂的页面进行填充，这样能够对其他页面中的分栏不合理进行及时的调整。低保真模型是高保真模型的基础，千万不要一次把细节描绘完美，向内容分块填充元素的过程就是低保真线框图描绘的过程，具体操作如下：

（1）给每个元素建立一个单独的组件，这个组件可以很简单的用一个方块表示。

（2）每个组件都要有一个独立的名字，虽然在线框图完成之后，这些名字可以删去，但是一定要进行命名。

（3）把元素按照分类先放置到内容区块中。

（4）元素放置过程中以"自上而下，从左到右"，权重"从重要到普通"的顺序排列。

将所有的元素放置到对应的区块后，一个简单的线框图已初具雏形，如图 3-5-1 所示。

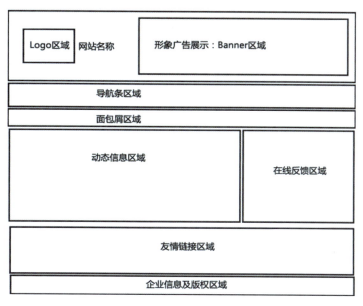

图 3-5-1　线框图雏形

4. 绘制细节，填充出主题配色

上例中，绘制细节及填充主题配色后，效果如图 3-5-2 所示。

图 3-5-2　填色后的线框图

3.5.3　项目制作　用 AXURE 设计紫韵家纺主页线框图

制作线框图的工具有很多，Word、Illustrator 等可做图形的软件均可用来设计线框图，在这里给大家介绍一款比较专业、好用的线框图工具 AXURE，如图 3-5-3 所示。

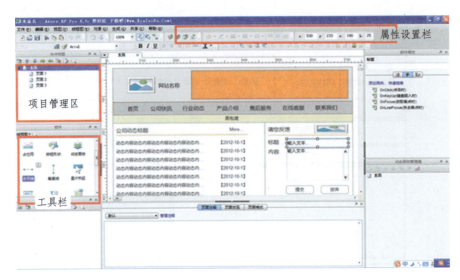

图 3-5-3　AXURE 工作界面介绍

AXURE 是一款非常适合设计师的工具，拥有现成的部件，包括按钮、表单域、形状和动态元素等，能够创建线框图、设计流程图、进行交互设计、自动输出网站原型。

项目设计步骤：

1. 分析估算屏幕

根据现在主流浏览器分辨率，紫韵家纺网站计划设计页面宽为 1 000 px，高度为 800 px，高度可根据实际情况进行调整（遵循网页设计限高不限宽的原则）。

启动 AXURE（其工作界面和各部分功能见图 3-5-4），通过"文件"→"新建"，建立一个新项目。项目建好后，自动显示四个页面，即 Home、Page1、Page2、Page3，本项目案例中设计的是 Home 页，如图 3-5-4 所示。

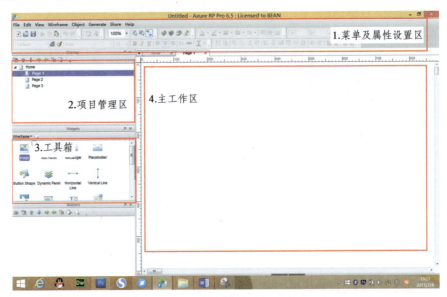

图 3-5-4　AXURE 工作界面各功能区划分

2. 内容分块

紫韵家纺网站计划设计成三字型版面，整个页面内容分为五大块，从上到下依次为网站头部区、导航区、横幅广告区、信息展示区和网页尾部区域，根据步骤 1 分析结果，我们得知这五部分区域宽度均应为 1 000 px。根据分析，AXURE 设计如下。

在图 3-5-4 的工具区中的长方形（Rectangle）工具上按住鼠标左键不放，拖动其到主工作区域中，并调整适当大小，摆放在网站头部。再在该图形上按住"Ctrl+Alt"键，同时按下鼠标左键向下分别拖出四个一模一样的长方形，分别设置各长方形的高，把它们顺次向下摆放，结果如图 3-5-5 所示。

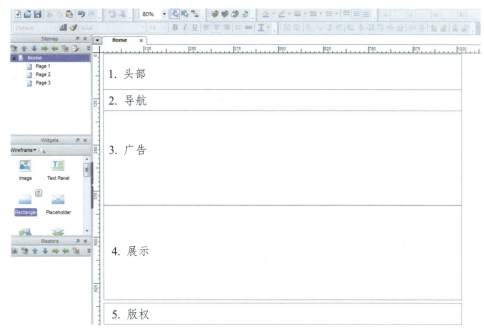

图 3-5-5　网站布局

3. 向分块中填充内容

从工具箱中拖出 Image 工具至头部框中，调整适当大小。

拖出两个 Text Panel 工具至 Images 工具后面，双击 Text Panel 工具，可以在里面输入文字，分别输入"紫韵家纺"和大写拼音字母"紫韵家纺"。

分别从工具箱中拖出 Text File 和 Button 至网站名后面，调整至合适大小。

至此，头部内容填充完毕，最终效果如图 3-5-6 所示。

图 3-5-6　头部内容填充

在工具箱中找到 Menu 工具的"Horzontal"模式，将其拖到图 3-5-5 的导航区域，再双击导航框，可以输入导航链接文字。默认有三个导航菜单，如果想增加菜单可以在导航单击鼠标右键，选择"Add Menu Item After"。在导航上单点右键，选择"Add Submenu"可增加该导航下的子菜单。分别设置每个导航宽为 150 px。导航设计最终效果如图 3-5-7 所示。

图 3-5-7　导航条设置

将 Image 工具拖放到图 3-5-5 的广告区，作为广告效果图占位符（见图 3-5-8）。

将 Text Pannel 拖入图 3-5-5 的展示区，分别输入最新信息标题及内容，在最新信息标题下拖出一个 Horizontal Line 水平线，调整至适当大小，效果如图 3-5-8 所示。

图 3-5-8　Banner 设计

重复上述步骤设计最新动态右侧内容和网页尾部内容，最终效果如图 3-5-9 所示。

图 3-5-9　最终效果图

【小　结】

本节依托紫韵家纺项目介绍了线框图的概念、作用及绘制方法。

【习　题】

1. 什么是线框图？它的作用是什么？

2. 熟练掌握线框图制作工具 AXURE 的使用，利用 AXURE 设计出班级主页线框图。

3. 思考练习：请利用前面所学知识，根据线框图设计成如图 3-5-10 所示的 PS 页面效果图。

图 3-5-10　PS 页面效果图

3.6　项目三　ToYoTa 网主页效果图切片

【教学内容】

1. 为什么要切片？

2. 切片的原则是什么？

3. 如何用 PS 进行切片？

【教学目的】

认识网页效果图切片，理解切片的作用，掌握 PS 进行网页效果图切片的一般原则。能熟练运用 PS 切片功能进行网页效果图切片、保存。

【重难点】

重点：切片原则。

难点：切片方法。

【教学方法】

分析、讲授与操作演示相结合。

【建议学时】

4 学时。

3.6.1　为什么要切片？

切片就是将一幅完整的图像分割成不同大小的图片，每个小图片可单独导出成为独立的文件。切片的最终目的是提高浏览器下载速度，缩短用户等待时间，增强用户体验。

（1）浏览器下载大图片时需要很长时间，把它分割成小图片可以边下载边显示。

（2）网页效果图切片后，很多纯色区域图片可以去掉，用颜色值替代，缩小了网页的体积。

（3）网页效果中有些地方是将来需要动态更新的，可以单独切出来，用文本代替。

（4）根据对图像质量的要求，可以分别选择每个小图片的文件格式。

3.6.2　切片原则

根据颜色范围来切：

（1）如果一个区域中颜色对比的范围不是很大，就只有几种颜色，应该单独切出。

（2）如果一个区域中只有一种颜色，写代码的时候就可以直接用背景色来表示。

（3）如果颜色过多，很多时候都要用到渐变的效果，应该把切片数量切的多一些，尽量把单个切片控制在一个颜色范围的轮廓内。

切片大小：把网页的切片切的越小越好。切片越小，网页下载图片的速度越快，可以让多个图片同时下载而不是只下载一个大图片，所以切片大小要根据需要来切。标志 Logo 等主要部分尽量切在一个切片内，防止显示遇到特殊情况时显示一部分；圆角表格部分要根据显示区域的大小来切，控制圆角和边沿（见图 3-6-1）。有时候切出来的切片并不是直接插入到 Dreamweaver，还需要在 Dreamweaver 中编辑，比如有的图片应该设置成背景图片。

切片区域完整性：保证完整的一部分在一个切片内，例如某区域的标题文字，方便以后修改。

导出类型：颜色单一过渡少的，应该导出为 GIF；颜色过渡比较多，颜色丰富的，应该导出为 JPG；有动画的部分应该导出为 GIF 动画；有透明效果的，建议导出为 PNG 格式。

保留源文件：即使页面做好了，也要保留带切片层的源文件，方便直接修改，单独导出所用的切片，如图 3-6-2 所示。

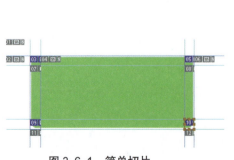

图 3-6-1　简单切片

图 3-6-2　保留切片效果

138

3.6.3　用 Photoshop 对 ToYoTa 网主页效果图切片

首先我们认识一下 PS 网页效果切片工作环境，如图 3-6-3 所示。

图 3-6-3　切片工作环境

从图中可以看到，我们主要应用的是工具箱中的切片工具及切片选择工具。其中，切片工具用来切片用，而切片选择工具主要是编辑切片用。

工作区认识后，那么究竟该如何切片呢？一般可以分为以下三步：

（1）分析页面结构，思考该如何切。

（2）根据分析结果拖出切片效果的参考线来辅助切片，如图 3-6-4 所示。

（3）利用放大镜进行细节上的精准切片，如图 3-6-5 所示。

图 3-6-4　切片辅助线

图 3-6-5　利用放大镜精准切片

切片后要对切片进行保存和导出。保存主要是便于后期对图片进行细节修改；而导出主要为得到切片中的小图片。

步骤：选择文件，存储为 Web 所用格式，弹出的面板中可以对切片进行选择和格式设置，点击"存储"，可以选择存储类型和要保存的切片，如图 3-6-6～图 3-6-8 所示。

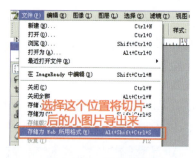

图 3-6-6　切片导出

图 3-6-7　导出对话框

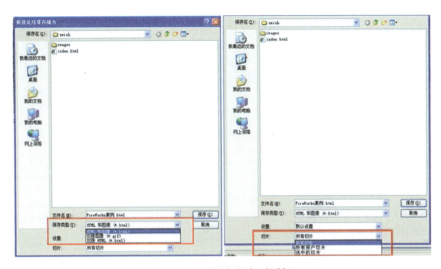

图 3-6-8　导出保存对话框

注意：为了格式兼容，请规范保存名称，即不使用汉字或特殊字符；命名尽量有实在意义，比如说是网站首页效果图切片，最好命名为"index"。导出对话框时，可以根据需要选择设置某个大图片的格式；导出保存对话框时，要注意保存类型和切片选项。

导出后图片素材被放在"Images"文件夹中，启动 Dreamweaver，将站点建在保存路径下，Images 即该站点的素材夹。我们就可以利用前面所学的知识进行网页排版了。

【小　结】

本节重点是切片的原则及方法。利用案例操作演示了一个完整的网页效果图、切片及排版的全过程。

【习　题】

1. 切片的注意事项有哪些？
2. 如何保存用户切片？
3. 如何保存众多切片中的其中一个？
4. 操作课堂案例中网页的切片及排版。
5. 分析上次作业中自己设计的班级主页，思考该如何切片。试着切片，并将保存后的小图片在 Dreamweaver 中进行排版。

3.7　项目四　京东商城广告动画设计

【教学内容】

1. 网页动画制作常用工具。
2. 用 Swish 制作网页动画。
3. HTML5 的概念。

【教学目的】

认识网页动画制作常用工具，掌握用 Swish 制作网页动画的一般方法。

【重难点】

Swish 网页动画设计。

【教学方法】

分析、讲授与操作演示相结合。

【建议学时】

4 学时。

3.7.1　工具介绍

提到网页动画我们首先想到的是网页三剑客之一的 Flash，如图 3-7-1 所示。Flash 是 Macromedia 提出的"富因特网应用"（RIA）概念的实现平台之一。因其使用向量运算（Vector Graphics）的方式，产生出来的影片占用存储空间较小，全世界主流网络浏览器都内建 Flash 播放器（Flash Player），而被大量应用于互联网网页的矢量动画设计。使用 Flash 创作出的影片有自己的特殊档案格式（SWF）。

图 3-7-1　Swish 工具图标

本节介绍的软件是可以设计 SWF 的小工具 Swish，是一款相当简单的动画制作软件。

Flash 一个小时要做的事，Swish 只要 5 分钟即可搞定。Swish 中，只要点几下鼠标，就可以让网页有令人注目的酷炫动画效果。可以创造形状、文字、按钮以及移动路径；可以选择内建的超过 150 种诸如爆炸、漩涡、3D 旋转以及波浪等预设的动画效果；可以用新增动作到物件，来建立自己的效果或制作一个互动式 SWF。

3.7.2　认识 Swish

Swish 工作界面如图 3-7-2 所示。

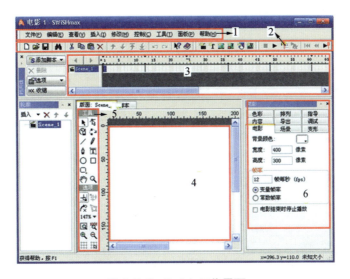

图 3-7-2　Swish 工作界面

1—菜单栏；2—快捷按钮；3—时间轴；4—主场景区；5—工具栏；6—场景元件属性设置区

如图 3-7-3、图 3-7-4 所示是菜单栏中常用菜单（文件、面板、插入）。

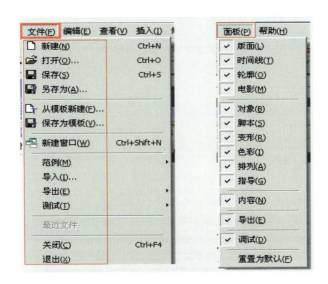

图 3-7-3　菜单

Swish 制作动画的基本步骤：

（1）在打开软件后，新建一个空白电影。

（2）在右面的场景信息面板中设置场景的大小、背景色和帧速。

（3）插入"导入图像"，找到对应的动画所需背景图片。

（4）点击工具栏中的"文字"按钮（大写 T），然后在右面的文本编辑窗口中输入文字，再在场景里用鼠标点一下，文字就会出现在场景中。

（5）在时间轴上选中文本的关键帧，然后打开插入菜单，选择一个效果，时间轴上会自动生成一段效果帧，可以拉长或缩短；重复步骤（4）、（5）做另外一段文字效果。

（6）点击"文件"→"导出"，选择 swf 即可。

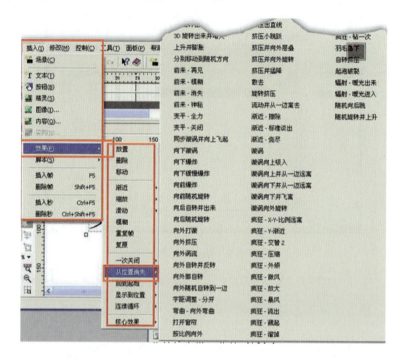

图 3-7-4　效果菜单

3.7.3　项目制作

（1）打开 Swish MX，在弹出的启示页中选择新建 Default 默认影片。

（2）设置影片大小如图 3-7-5 所示。

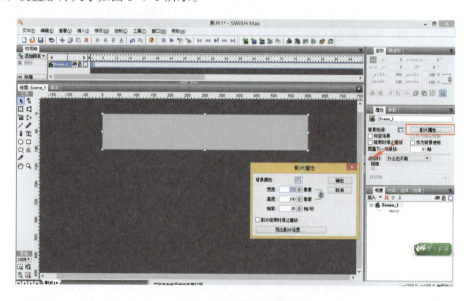

图 3-7-5　影片设置

（3）丰富影片内容，具体步骤如下：

① 点击"插入"→"导入图像"，按住 Ctrl 键选择磁盘上的京东 Logo 中的文字和小狗两幅图片，放到合适位置。效果和具体步骤如图 3-7-6 所示。

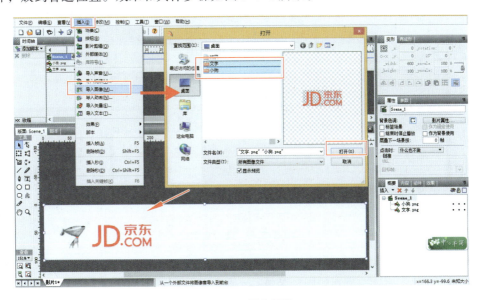

图 3-7-6　导入图片

② 选择左侧工具箱中的文字工具，在场景中输入 JD，在右侧属性栏设置字体为微软雅黑，加粗，红色，48 号，其余设置默认。设置好后用工具箱的选择工具将其放置到适当位置。步骤及效果如图 3-7-7 所示。

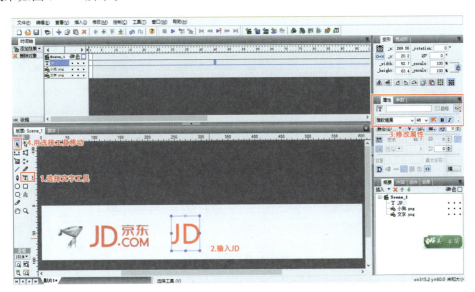

图 3-7-7　录入文字

③ 重复步骤 ② 3 次，再分别录入"="简单""京东"几个字。最终效果如图 3-7-8所示。

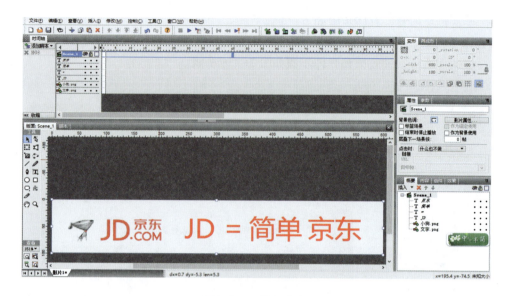

图 3-7-8　录入文字

（4）为影片添加效果。

① 选中 JD 层，光标定位在时间轴的第一个帧，选择菜单中的"插入"→"效果"→"淡入"，为 JD 层添加"淡入"动画效果，如图 3-7-9 所示。

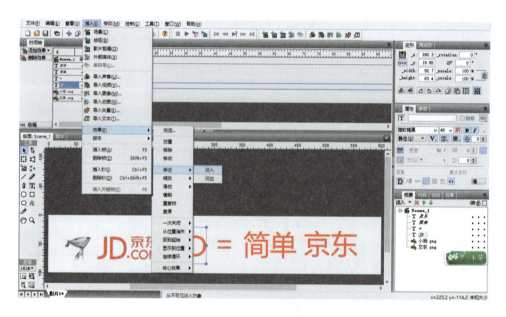

图 3-7-9　添加效果

② 重复步骤①，在"="层时间轴的第 10 帧上添加"插入"→"效果"→"显示到位置"→"淡出"；在"简单"层时间轴的第 30 帧上添加"插入"→"效果"→"显示到位置"→"风-凝结"；同时选中"JD""=""简单"，在 70 帧后，为这三个图层同时添加"插入"→"效果"→"渐进"→"淡出"效果。添加后时间轴效果如图 3-7-10 所示，单击播放按钮可以查看设计效果。

图 3-7-10　效果预览

③ 复制"JD"层淡入效果，分别粘贴到"JD"层 90 帧处和 "="层 105 帧处。

④ 用选择工具，将"京东"两个字移动到简单上面，与之重叠。复制"简单"层的风-凝结效果，粘贴到"京东"层 120 帧处。

⑤ 复制淡出效果，分别粘贴在"JD""=""京东"三层的 165 帧处。

⑥ 选中"文字.png"层，在该层 185 帧处添加淡入效果；选择"小狗.png"在该层 195 帧处添加滑动（从左进入）效果。

⑦ 用文字工具输入"多、快、好、省"设置字体大小为 28，其余字体样式同"JD"设置。在该层的 210 帧处添加疯狂大波浪效果。

⑧ 分别在 255 帧处为"文字.png""小狗.png""多、快、好、省"添加淡出效果。至此，动画设计完毕，效果如图 3-7-11 所示。

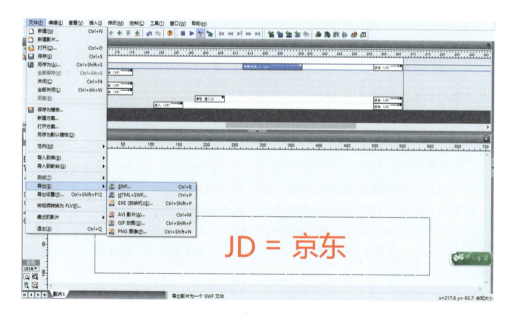

图 3-7-11　导出影片

（5）保存导出。

① 选择"文件"→"保存"，可将文件保存为 swf 文档，便于修改（再编辑）。

② 选择"文件"→"导出"即可导出为 swf 动画文档，直接利用 Flash 插入技术应用于网页文档中。

3.7.4 简单介绍 HTML5

由于 Adobe 宣布不再提供 Flash 对 Android 4.1 的支持，不久，微软也宣布 Win8 只支持部分 Flash。这预示着，似乎 Flash 正在渐渐退出历史舞台。那如何实现网页中需要用到的炫酷效果？HTML5 就走向了技术前沿的舞台。HTML5 是取代 HTML4 和 XHTML1 的标准版本，目前仍在发展中，大部分浏览器已支持其技术。它的特点是强化了页面的表现性能，并追加了本地数据库等 Web 应用功能。广义论及 HTML5 时，实际包括 HTML、CSS 和 JavaScript 在内的一套技术组合，它希望能够减少浏览器对于需要插件的丰富性网络应用服务（如：Adobe Flash、Microsoft Silverlight、Oracle JavaFX）的需求，并提供更多能有效增强网络应用的标准集。

【小 结】

本节介绍了主流网页动画设计工具，重点操作演示了 Swish 制作动画的一般方法。分析了技术发展趋势，引入了 HTML5 技术。

【习 题】

为全国两会 Banner 添加动画效果。

3.8 模块小结

3.8.1 模块重难点指导

重点：网站配色、版面设计、PS 页面制作。
难点：PS 页面制作。

3.8.1.1 网站配色

色彩是网站设计很难把握的重要方面，也是确定网站风格的重要前提，它决定着给浏览者的第一印象。页面的整体色调或活泼或庄重，或雅致或热烈，在用色上也有繁简之分，不同的网站或同一网站的不同部分，配色都不尽相同。

要学好网站配色，搭配出漂亮美观的网页界面，就要了解色彩的原理、色彩的情感属性，熟知一些配色技巧等。

1. 色彩原理

色彩有三个属性：色相、明度、纯度（饱和度）。

① 色相是指颜色的相貌、名称，即该色是蓝色还是红色，如图 3-8-1 所示。

② 明度指色彩的明暗程度，体现颜色的深浅，如图 3-8-2 所示。

③ 纯度是指某一色相在同一明度下从灰色到纯色的变化，即颜色的鲜艳程度，如图 3-8-3 所示。

图 3-8-1　同一张图片的不同色相

图 3-8-2　色彩的明度示例

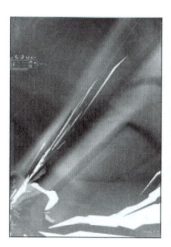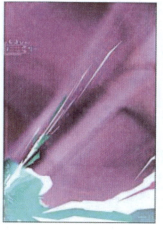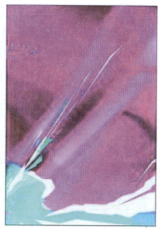

图 3-8-3　色彩的纯度示例

2. 色彩的情感属性

由于社会、民族、信仰以及个人等因素，每种色彩看上去都带有一定的情感属性。例如红色、橘红代表喜庆，黑色、灰色代表伤感凝重等。在制作网页时，我们要结合项目实际充分考虑这些因素，设计出用户满意的界面。

3. 配色技巧

（1）整个页面的色彩不应多于三种。从经验上讲，一个页面从头到脚一般不要超过三种颜色。过多的色彩不但会刺激视觉，影响浏览者的情绪，也会使整个页面失去平衡，降低美感。

（2）结合主题确定主色调。色彩要根据主题来确定，不同的主题选用不同的色彩。例如，用蓝色体现科技型网站的专业，用粉红色体现女性的柔情等。

（3）同种色彩搭配时，可以先选定一种色彩，然后调整其透明度和饱和度，将色彩变淡或加深，而产生新的色彩，使得页面色彩统一，具有层次感。

（4）邻近色彩搭配时，可以在色环上选取相邻的颜色，如绿色和蓝色、红色和黄色等。采用邻近色搭配可以使网页避免色彩杂乱，易于达到页面和谐统一的效果。

（5）巧妙使用对比色。对比色可以突出重点，产生强烈的视觉效果。合理使用对比色，能够使网站特色鲜明、重点突出。在设计时，通常以一种颜色为主色调，其对比色作为点缀，以起到画龙点睛的作用。

（6）文字与网页的背景色对比要突出。文字内容的颜色与网页的背景色对比要突出，底色深，文字的颜色就应浅，以深色的背景衬托浅色的内容（文字或图片）；反之，底色淡，文字的颜色就要深些，以浅色的背景衬托深色的内容（文字或图片）。

3.8.1.2 版式设计

1. 理解网页版式设计的含义

网页的版式设计是将要表现的内容合理而美观的展示在网页界面上。同样的内容不同的摆放手法，效果大不相同。犹如我们每个人的脸上都长有一张嘴巴、一个鼻梁、一双眼睛和两只耳朵，但我们每个人的长相却不相同，嘴巴大一点、厚一点，眼睛小一点、离得远一点，就造就了千变万化的面孔。

2. 常用的网页设计版式

常用的网页设计版式有 T 型布局、口型布局、三型布局、对称对比布局、POP 布局、特殊布局等。

3. 设计网页版式的一般方法

在进行版面设计时，要充分考虑主题思想和预展现内容，分清主次，精简有序地将其分布在有限的可视区域。为了更好地进行设计，可以先使用线框简图在电脑或纸上描画草图，再慢慢修改，以达到最佳效果，如图 3-8-4 和图 3-8-5 所示。

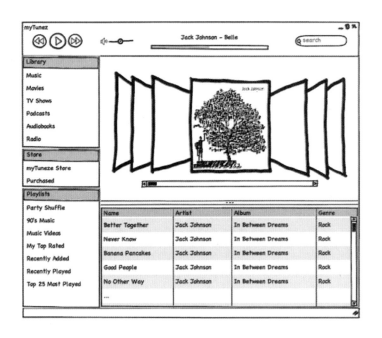

图 3-8-4　线框图（1）

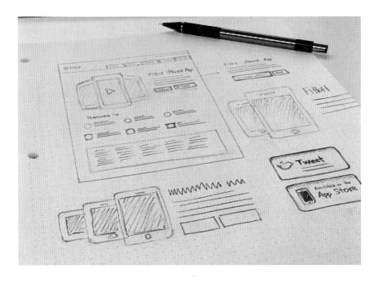

图 3-8-5　线框图（2）

3.8.1.3　PS 页面制作

当网页版式线框图确定下来后，就可以依据线框图设计制作页面了，制作工具可以选为我们比较熟悉的 PS。

1. 使用 PS 进行页面制作需弄清的几个概念

（1）页面尺寸。

页面尺寸也叫网页宽高。现在用户电脑的分辨率以 1 024×768 居多，页面宽度一般应控制在 960～1 003 px。如果超过 1 003 px，浏览器将会出现左右滚动条，不够美观，滚动条的宽度一般为 20 px。在制作首页时，还应考虑页面的高度。一般情况下，中小型网站的首页不宜超过 3 屏，最好能控制在 1~1.5 屏，显得简洁明快。

（2）留白。

留白是指为使页面元素和谐美观，排版时故意留下的"空白区域"。

注意：留白不是指白色，而是强调空白的、不使用的空闲区域。虽然留白区域看起来未使用，但实际作用相当大，给予设计呼吸的空间，提供了布局上的平衡。留白区域的环绕与陪衬，能更好地衬托出中心区域的表现，如图 3-8-6 所示。

图 3-8-6　网页留白示意图

因此在网页设计制作时，要特别注意留白之间的距离，如上、中、下之间的距离，左、中、右之间的距离，甚至网页上每个模块与模块之间的距离，模块内容距离边界的距离，文字与文字之间的行高。

（3）参考线的应用。

参考线是可在图中精确对齐物体的辅助线。在 PS 中利用好参考线可以让我们更快捷、更准确的设计版式模块。根据线框图的框架，我们可以在 PS 中利用参考线快速勾勒出网页的框架结构，如图 3-8-7 所示。

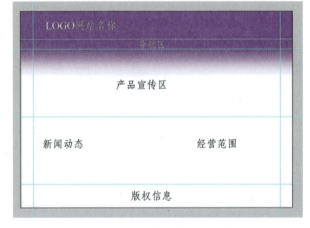

图 3-8-7　参考线使用示意图

3.8.3　模块测试题

一、单选题

1. 根据国内目前主流浏览器屏幕大小，建议 PS 网页效果图一般宽度尺寸为（　　　）。

A. 1 000 像素左右　　　　　　　　B. 750 像素左右

C. 1 400 像素左右　　　　　　　　D. 1 200 像素左右

2. 下列不属于有彩色的是（　　　　）。

A. 红色　　　　　　　　　　　　B. 白色

C. 明黄色　　　　　　　　　　　D. 湖蓝色

3. JPEG 格式文件的后缀是（　　　　）。

A. JPG　　　　　　　　　　　　B. TFR

C. CDR　　　　　　　　　　　　D. DIR

4. 在 PS 软件中，反选快捷键（　　　　）。

A. Ctrl+Shift+I　　　　　　　　B. Alt+Shift+I

C. Ctrl+Alt+Shift+I　　　　　　D. Shift+I

5. 下列不属于互补色光的一组是（　　　　）。

A. 蓝紫色光与黄色光　　　　　　B. 红色光与黄色光

C. 翠绿色光与紫红色光　　　　　D. 红色光与蓝色光

6. 由一个基本形渐变到另一个基本形，基本形可以由完整渐变到相对残缺，也可以由简单到复杂，由具象渐变到抽象。这种渐变属于（　　　　）。

A. 方向的渐变　　　　　　　　　B. 位置的渐变

C. 形状的渐变　　　　　　　　　D. 大小的渐变

7. 在发射构成中，发射点根据图形的需要，按照一定的动势，有秩序地渐次移动位置，形成有规律的变化，表现出较强的空间感并具有曲面的效果。这种发射形式属于（　　　　）。

A. 同心式发射　　　　　　　　　B. 中心点发射

C. 移心式发射　　　　　　　　　D. 渐变式发射

8. 图与底是在平面构成形象之间的相互参照，下列表述错误的是（　　　　）。

A. 色彩明度较高的有图感

B. 凹凸变化中凹的形象有图感

C. 动静对比中动态形象有图感

D. 面积大小的比较中，小面积的有图感

9. PS 制作网页效果图的时候，新建文件中颜色模式应选择为（　　　　）。

A. CMYK　　　　　　　　　　　B. RGB

C. Lab　　　　　　　　　　　　D. 灰度

10. 当色彩混合后的亮度既不增加也不减少时，我们称这种色彩混合的方式为（　　　　）。

A. 负混合　　　　　　　　　　　B. 正混合

C. 减法混合　　　　　　　　　　D. 中性混合

二、填空题

1. 明度是指色彩的_____。

2. 点、线、面在上下或左右有相同的部分出现时，称对称构成，它是表现_____的完美形态，是人们生活中最为常见和习惯的一种构成形态。

3. 白色是明度最高的色，在颜料中加入白色混合，可以提高混合色的_____。

4. 网页上能作为动画的图片格式为_____，Fireworks 默认导出的图片格式为_____。

5. 目前网页设计中主流的布局技术是_____ +_____。

6. 网页设计中适合 1 024×768 分辨率的屏幕，网页宽度一般限制在_____像素左右。

7. HSB 色彩描述中，H 是_____，S 是_____，B 是_____。

三、简答题

1. 光的三原色是哪三种颜色？什么叫颜色的混合？试简述间色和复色的概念。

2. 简述版式设计中"对称与均衡"的形式法则。

四、问答题

网页的主要版式类型有哪些？各有什么特征？

五、操作题

假设你是某网页设计公司设计师，请为某淘宝服装店（主要经营运动男女运动服、运动鞋，假设名称为"362 度运动服饰"）设计 Logo 及视觉广告区域 Banner。

模块四　规范网页

【学习目标】

1. 了解网站建设的一般流程。
2. 掌握网站项目的规划方法和获取需求分析的整个过程。
3. 了解网站测试、发布的方法和过程，能进行简单的页面测试。

【模块导学】

本模块的主要知识是网站的整体规划和设计，即根据用户的实际需求，分析网站功能，确定网站色调、风格版式，据此制作出用户满意的界面。这就要求我们不仅要了解真实网站项目的建设流程，还要学习网站项目的规划和设计技巧。为了更好地学习本模块的知识，同学们可以从以下几个方面着手：

1. 查阅资料，弄清真实网站项目建设的一般流程，了解每个环节的主要任务和可能遇到的问题以及对策等。

2. 学习一些常用的需求分析方法和交流沟通技巧。与客户打交道，除了知识和技术，更要有沟通技巧。良好的沟通技巧，能更快更好地获取用户的真实需求，起到事半功倍的效果。

3. 查阅资料，学习并了解网站的发布和运营相关知识。自主学习 FTP、HTTP、域名、虚拟主机、虚拟空间等网络知识，对深化学习和项目实践有极大的帮助。

4. 条件允许时，在老师的指导下，几个同学组成项目小组，承接一些项目来实践锻炼。

4.1　规划及流程

【教学内容】

1. 网站项目建设总体介绍。
2. 网站项目建设一般流程。
3. 结构图、流程图、线框图。

【教学目的】

了解网站项目规划及流程。

【重难点】

网站项目规划。

【教学方法】

分析、讲授与操作演示相结合。

【学时安排】

4 学时。

4.1.1 网站建设规划及工作流程

网站项目管理的目的是根据特定的规范，在预算范围内按时完成网站开发任务。

好而严谨的网站建设流程不仅体现了网站建设者的工作态度及其所在企业的文化，更重要的是还能够在极大程度上加快网站建设的速度以及提高网站本身的质量。这对于建站公司本身或者客户来讲都具有极大的利益。为了充分保障业主权益，提高网站建设效率，一般采用如下建站流程：

（1）需求分析及变更管理。

（2）项目模型及业务流程分析。

（3）系统分析及软件建模。

（4）界面设计、交互设计及程序开发。

（5）系统测试和文档编写。

（6）客户培训、技术支持和售后服务。

以上六个步骤并不是流水化的渐进流程，而是可以同步或分布进行的步骤。静态网页设计是网页设计的一部分，不能完全涵盖上述六个步骤的所有内容，但每个步骤中都或多或少的涉及其中的一些内容。

细分网站项目管理大致可以按如图 4-1-1 所示步骤进行。

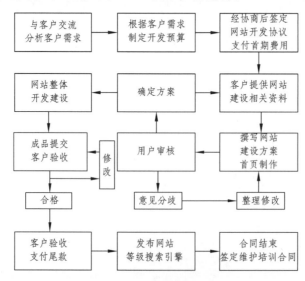

图 4-1-1 网站项目管理步骤

在各个步骤中也都涉及了文档撰写任务。文档撰写是保存网站开发过程的第一手资料，在网站项目管理中处于十分重要的地位。

4.1.2 简述需求分析及文档编写

需求分析作为网站建设的重要环节，贯穿了网站建设的全过程。好而全面的需求分析，可以帮助网站设计和开发人员充分理解用户需求，减少网站建设过程中的"变更"次数，从而达到提高网站建设效率，节约网站建设成本的目的。那么，究竟要从哪些方面进行需求分析？分析出的结果又是如何表现在文档里供项目组人员共享的呢？中小型网站项目建设一般从以下几个方面进行需求分析并编写文档：

（1）项目背景介绍。

（2）功能模块分析：根据客户需要以及网站内容管理的全面性进行功能的总结，在网站需求分析中，一定要将每个功能的细节操作定义清楚，以免在后期开发中出现歧义。例如新闻管理系统功能，还应详细地分析"新增文章""编辑文章""删除文章""文章置顶""文章下线"等各项操作。

（3）业务流程分析：主要是用户操作步骤，比如一个电子商务网站，用户首先要登录才能购买。这就是一个简单的流程，那么系统中包含哪些流程？有权限的人可以操作哪些内容、分配权限、使用权限的过程都属于业务流程的范畴。

（4）界面需求分析：在网站需求分析中总结出哪些页面需要独立设计，页面的风格色彩是什么，页面分辨率是多少，是否有 VI 图标的设计以及数量，是否有动画设计以及数量，是否有 JS 前端效果以及数量等。这些都会影响项目的工期进度以及成本。

（5）性能需求分析：在网站需求分析中应体现出使用的是哪种技术平台，何种设计软件，网站前端技术有哪些，并发访问量的要求，安全防御措施等。

（6）关于网站优化分析：实际上，网站的作用主要是为了带来流量和客户源，因此在网站需求分析中要重视对网站优化推广的策划，分析网站的客户群惯搜索哪些关键词查找所需要的信息或产品，然后根据这些关键词对网站进行优化。

（7）网站报价：每项服务或功能的报价细节罗列在网站需求分析文档中。

（8）项目实施安排：明确说明项目的实施步骤以及项目工期和人员配备的安排。

（9）售后服务：也称为后期网站维护，在网站需求分析中应对网站后期的内容维护、定期改版、数据备份等工作作出安排和说明。

4.1.3 项目 编写广元紫韵家纺网站需求分析文档

4.1.3.1 建设背景

随着信息技术的发展，网络已成为企业进行竞争的战略手段，越来越多的公司开始利用网络传递商业信息，进行商业活动。从宣传企业、发布广告、招聘雇员，到拓展市场、网上销售，网络已经成为企业营销的一种有力策略和途径。

广元紫韵家纺作为国内家纺时尚潮流引领者和广元市唯一拥有国际品牌的家纺集团公司，目前还未完全实现信息化管理。为在新时代背景下拥有新的战略起点，广元紫韵家纺预计在 2015 年投建自己的官方网站，采用信息化技术，在网上进行品牌推广，协助公司优化复杂的商业运作流程，提高公司的整体形象和知名度。

4.1.3.2 公司简介

广元紫韵家纺股份有限公司，创始于 2002 年，总部位于四川广元，有员工 1400 余名。主要生产经营床上用品、窗帘、家饰等。公司现设有三家子公司，拥有"紫梦"、"紫寐"、"紫洁"三个具有重要市场影响力的品牌。2014 年，开发全新网购品牌"紫觅"，进军电子商务。目前紫韵产品涵盖绣花套件、绗绣套件、被芯、毛毯、床垫及其他家居饰品等 8 大类，达 2 600 个品种。

公司致力于为消费者创造高品质家居生活和优质睡眠体验。凭借欧式化、经典的品牌风格定位，紫韵以其与生俱来的高贵气质和优雅精致风格深受中国万千消费者喜爱，卓越的产品品质和鲜明的品牌形象使其在市场上独树一帜。

作为国内家纺时尚潮流引领者，紫韵在欧洲和中国拥有两大研发设计中心，并与国内外顶级家纺专业设计机构及面料商长期紧密合作，敏锐捕捉家纺流行趋势，通过产品、服务的创新满足日益多元化家居生活需求，成为精英人士的生活标签。

"经典紫韵，品味生活"，紫韵也已成为优质家居生活的代名词。

4.1.3.3 建设需求

1. 网站定位

紫韵家纺网站是一个公司官方网站，目的是利用各种网络条件，向客户展示公司实力、现状、产品，推广公司品牌，提升公司整体形象。同时，也是一个服务网站，有一定的沟通交流服务，如开展客户留言等，收集客户的信息。

2. 网站宣传标语

紫梦，开启尊贵生活；把紫韵带回家就是把爱带回家。

3. 网站色彩选择

秉承公司文化，网站建议以紫色基调为主。

4. 网站风格设计

本网站为公司官方宣传性网站，页面不宜复杂，力求简洁、实用和美观。

5. 具体功能模块

如表 4-1-1 所示为其具体功能模块。

表 4-1-1　具体功能模块

序号	栏目设置	描　述
1	网站首页	导航到其他栏目时返回首页的链接
2	公司简介	作为企业对内和对外的重要宣传窗口，可使浏览者快速、清楚地了解整体的基本情况。内容包括：公司简介、公司历程、公司文化、公司荣誉等
3	新闻中心	采用动态网页技术，发布公司动态和大事。并与产品信息数据库连接，产品更新时，都能即时反映在网页内容上，自动进行产品信息的发布
4	产品展厅	产品展示窗口，采用图片+文字介绍的方式，分类展示公司的核心产品。内容包括：窗帘、床品、灯饰等
5	招商加盟	发布公司的招商加盟信息。内容包括：加盟条件、加盟方式、加盟程序（含流程）
6	诚聘英才	可以发布公司的最新人事信息，管理员可以对招聘信息进行管理、统计、检索等。内容包括：用人理念以及具体的招聘内容
7	访客留言	具有交互功能的客户留言模块，用于收集客户的基本信息
8	联系我们	提供公司的联系信息，方便访问者与公司联系

6. 版式设计参考

版式设计参考图如图 4-1-2 所示。

图 4-1-2　版式设计参考示意图

7. 业务流程

本系统重在信息展示。除了系统管理员可以登录系统后台进行系统管理外，其余用户均可浏览网站前台信息。流程相对简单，流程图略。

8. 性能需求

网站使用后台 ASP.net3.0+SQL Server2008 技术平台进行开发，前台使用 Web 标准设计；网站服务器是用户自备，系统配置采用 Win Server2008+IIS6.0 及以上版本；根据网站性质和企业规模分析网站规模在 5 000 人以内。

9. 关于网站优化分析

利用各种技术（比如 SEO），将网站在百度、搜狗等搜索引擎上进行推广（推广费用由用户自理），以达到用户的期望值。

4.1.3.4 进度安排

项目工期为 1 个月，具体进度安排如表 4-1-2 所示。

表 4-1-2 具体进度安排

时间段	工作任务	人员分配
4.10—4.20	与用户交流沟通，确定系统需求	项目经理
4.15—4.20	确定网站结构及各页面线框图	需求分析师
4.20—4.30	网页前、后台界面设计	网页设计师
4.21—5.3	网页前后台制作	程序员
5.3—5.7	网站测试	测试员
5.7—5.10	编撰网站使用说明书，交付网站并完成用户培训	维护员

4.1.3.5 经费预算

本网站建设项目预计总投入 5 000 元（不含网站推广费用）。

4.1.4 需求分析的利器：结构图、流程图、线框图

结构图：用图表的形式将整个网站的结构表现出来，如图 4-1-3 和图 4-1-4 所示。

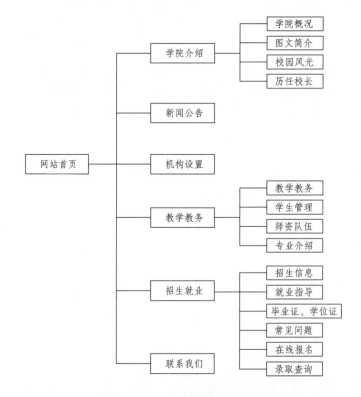

图 4-1-3 学院网站结构图

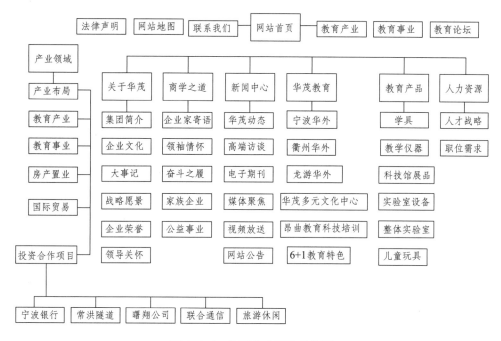

图 4-1-4　集团企业网站结构图

流程图：流经一个系统的信息流、观点流或部件流的图形代表。如：网站项目建设流程图、软件开发流程图、12306 网上购票流程图等。在企业中，流程图主要用来说明某一过程。这种过程既可以是生产线上的工艺流程，也可以是完成一项任务所必需的管理过程，如图4-1-5 所示。

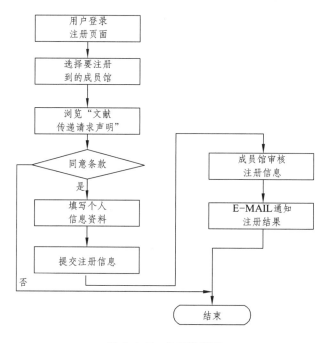

图 4-1-5　业务流程图

线框图：在上一模块中对线框图已有初步的了解，它是软件或者网站设计过程中一个非常重要的环节。线框图是整合在结构层的全部三种要素的方法：通过安排和选择界面元素来整合界面设计；通过识别和定义核心导航系统来整合导航设计；通过放置和排列信息组成部分的优先级来整合信息设计。通过把这三者放到一个文档中，线框图可以确定一个建立在基本概念结构上的架构，同时指出视觉设计应该前进的方向。

　　线框图是在逻辑流程图的基础上，用线框的形式细化界面的主要功能和基本布局定位，包括导航、标题、图片，图标，文字内容、按钮、各种控制器和形式等，从而确定各个界面之间具体的交互关系，如图 4-1-6 所示。

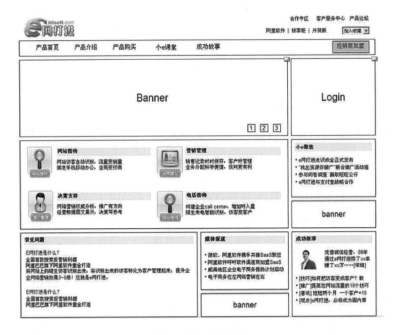

图 4-1-6　线框图

【小　结】

网站项目建设的流程与软件工程的流程较为相似，但并非一成不变，需灵活掌握。

【习　题】

熟悉 QQ 邮箱的各项功能，根据功能做一份需求分析报告。

4.2　Web 标准设计

【教学内容】

1. 什么是重构？
2. 什么是 Web 标准设计？

【教学目的】

理解 Web 标准设计。

【重难点】

Web 标准设计。

【教学方法】

讲解。

【建议学时】

2 学时。

4.2.1 什么是重构？

重构（refactoring）是通过调整程序代码改善程序的质量、性能，使程序设计模式和软件架构更合理。

网站的重构是指把未采用 CSS 且大量使用 HTML 进行定位、布局的站点，或者虽然已经采用 CSS，但是未遵循 HTML 结构化标准的站点，变成让标记回归标记的原本意义。通过在 HTML 文档中使用结构化的标记以及用 CSS 控制页面表现，使页面的实际内容与它们呈现的格式相分离的过程。

4.2.2 什么是 Web 标准设计？

Web 标准不是某一个标准，而是一系列标准的集合。

网页主要由三部分组成：

·结构（structure）。

·表现（presentation）。

·行为（behavior）。

标准也分为三方面：

·结构化标准语言主要包括 XHTML 和 XML。

·表现标准语言主要包括 CSS。

·行为标准主要包括对象模型（如 W3C DOM、ECMAScript 等）。

这些标准大部分由万维网联盟（W3C）起草和发布，也有一些是其他标准组织制订，比如 ECMA（European Computer Manufacturers Association）的 ECMAScript 标准，如图 4-2-1 所示。

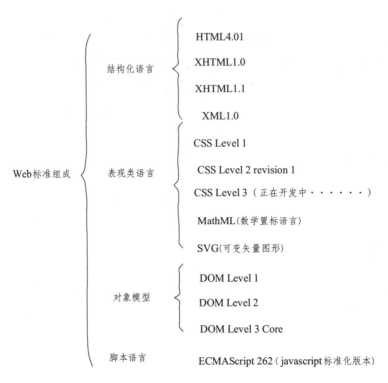

图 4-2-1　Web 标准组成

代码标准需要注意以下几点：

1．必须有结束标记

在 HTML 中，可以打开许多标签，例如：<p>和<li>，而不一定写对应的</p>和</li>来关闭它们。但在 XHTML 中，这是不合法的。XHTML 要求有严谨的结构，所有标签必须关闭。如果是单独不成对的标签，在标签最后加一个"/"来关闭它。

例如：

<img height="80" alt="网页设计师"src="../images/logo_w3cn_200x80.gif" width="200" />

2．小写元素和属性名

与 HTML 不一样，XHTML 对大小写是敏感的，例如：<title>和<TITLE>是不同的标签。XHTML 要求所有的标签和属性的名字都必须使用小写。例如：<BODY>必须写成<body>。另外，大小写夹杂也是不被认可的，通常 Dreamweaver 自动生成的属性名字"onMouseOver"必须修改成"onmouseover"。

3．标记都必合理嵌套

因为 XHTML 要求有严谨的结构，因此所有的嵌套都必须按顺序，例如：代码<p><b></p>/b必须修改为<p><b></b></p>。

也就是说，一层一层的嵌套必须是严格对称。

4. 属性必须括起来

在 HTML 中，属性值可以不用加引号。但是在 XHTML 中，必须加引号。

例如：<height=80>必须修改为<height="80">。

特殊情况，需要在属性值里使用双引号，可以用" "，单引号可以使用"'"，例如：<alt="say'hello'">。

5. 特殊符号用编码表示

① 任何小于号（<），不是标签的一部分，都必须被编码为<

② 任何大于号（>），不是标签的一部分，都必须被编码为>

③ 任何与号（&），不是实体的一部分的，都必须被编码为&amp。

6. 所有属性赋值

XHTML 规定所有属性都必须有一个值，没有值的就重复本身。

例如：

<td nowrap>

<input type="checkbox" name="shirt" value="medium" checked>

必须修改为：

<td nowrap="nowrap">

<input type="checkbox" name="shirt" value="medium" checked="checked">

7. 在注释中不使用的符号

"--"只能发生在 XHTML 注释的开头和结束，也就是说，在内容中它们不再有效。例如下面的代码是无效的：<!--这里是注释-----------这里是注释-->。

4.2.3 重构和 Web 设计的区别与联系

网站重构不是一种技术，不是 CSS+DIV，更不是一种标准。网站重构是一种思想，更是一种理念。引用 WebReBuild.ORG 的话："当前国内的同行普遍认为：所谓的网站重构就是"DIV+CSS""。想法固然极度局限，但也不是另一部分人认为的"XHTML+CSS"，因为"XHTML+CSS"只是页面重构。真正的网站重构理应包含结构、行为、表现三层次的分离以及优化、行内分工优化以及以技术、数据、人文为主导的交互优化等。

【小　结】

本节简述了重构及 Web 标准设计的一般概念，并分析了其区别与联系。

【习　题】

利用"XHTML+CSS"Web 标准布局如图 4-2-2 所示 DIV 结构。

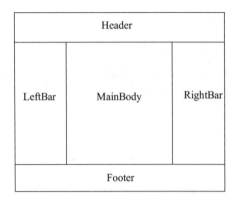

图 4-2-2　DIV 结构

4.3　发布运营

【教学内容】

1. 网站的测试。

2. 发布、运营维护。

【教学目的】

了解网站发布运营过程。

【重难点】

网站发布运营过程。

【教学方法】

讲授。

【建议学时】

2 学时。

4.3.1　网站的测试

对于网站的测试而言，每一个独立的功能模块需要单独的测试用例，主要依据为《需求规格说明书》及《详细设计说明书》，对于应用程序模块需要设计者提供基本路径测试法的测试用例。它包括：功能测试，负载测试，压力测试，安全测试。

4.3.2　发布、运营维护

发布运营主要包括两方面工作：更新与推广，但实施起来远非说得这么轻松。很多企业在做网站时兴师动众，网站做好后，企业老总很少过问，负责网站管理的部门几乎没有人懂得基本的维护知识。随着网络应用的不断深入，网络营销知识的普及，越来越多企业老总、管理人员意识到：长时间没更新过的网站，以及一个做得精美但没有多少人知道的网站，完全是在浪费资源。"信息化"原来并非一次性投资建一个网站那么简单，更重要的工作在于网站建成后的长期更新与推广过程。网站维护涉及资源和成本问题，但只要用对工夫，大部分中小企业网站维护需要的资源和成本并不会太高。

1. 网站更新

企业网站主要是更新产品及说明文字。一般中小企业网站都没有后台内容管理系统，网页更新需要懂网页的人员，但企业中大都没有这种人才。我们为企业制作的网站包括了自己开发的优秀的后台管理系统，方便企业自行管理，并提供长年的技术支持帮助。

2. 网站推广

网站推广任务复杂艰巨。从交换链接、登录搜索引擎、信息发布到邮件列表维护发送等，各方面都涉及专业知识，因此，网站推广部分至关重要。

3. 网站安全管理

网站安全管理包括数据备份、恢复、入侵检测等内容。

【小 结】

依照软件工程的思想，发布与维护是软件生命周期的一个重要环节。

【习 题】

谈谈你对网站发布、运营的认识。

4.4 模块小结

4.4.1 模块重难点指导

重点：网站建设的一般流程、网站分析与规划设计。
难点：网站分析与规划设计。

4.4.1.1 网站建设的一般流程

网站建设是从用户提出需求，到分析设计，再到实施、交付、运营维护的一系列详细过程。好而严谨的网站建设流程不但能体现建站公司的工作态度及企业文化，更重要的是还能够在极大程度上加快网站建设的速度并提高网站本身的质量。这对于建站公司本身或者客户来讲都具有极大的利益。建站公司一般遵循的建站流程如图 4-4-1 所示。

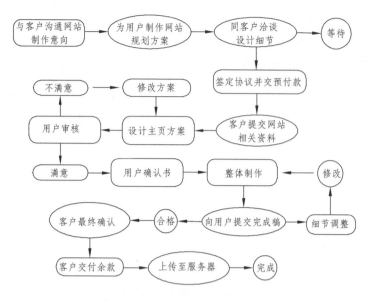

图 4-4-1　网站建设流程示意图

网站建设的流程并非一成不变，可以根据实际情况进行灵活变通。

4.4.1.2　网站分析与规划设计

网站分析是指在用户有网站建设意向后，多次与用户交流沟通，从中探索和发现用户的真实需求。并将该需求整理成文档，作为编写网站建设需求说明书和网站建设解决方案的依据。常用的获取用户需求的方法和手段包括：座谈、个人专访、开专题调查会、发放问卷、收集业务流程等，如图 4-4-2 所示。

图 4-4-2　获取需求分析的方法示意图

规划设计是指根据分析的结果，设计符合用户需求的网站效果。这里可以运用线框图法绘制草图，再使用 PS 技术制作实施，客户审核同意后，切片存储，并用 DIV+CSS 进行布局排版。

4.4.2 模块测试题

一、填空题

1. 网站项目管理就是根据特定的规范，在预算范围内，按时完成的网站开发任务。它分为_____、_____、_____、_____四个阶段。

2. 网站项目建设一般流程为：_____、_____、_____、_____。

3. 所谓流程图，是流经一个系统的信息流、_____或_____的图形代表。

4. 线框图(wireframe)是在_____ 的基础上,用线框的形式细化_____和_____,包括导航、标题、图片、图标、文字内容、按钮、各种控制器和形式等，从而确定各个界面之间具体的交互关系。

二、设计题

1. 用 CSS+DIV 实现如图 4-4-3 所示布局。

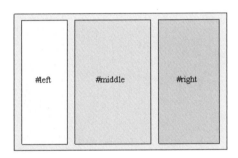

图 4-4-3　DIV 结构图

2. 用 CSS+DIV 实现如图 4-4-4 所示布局。

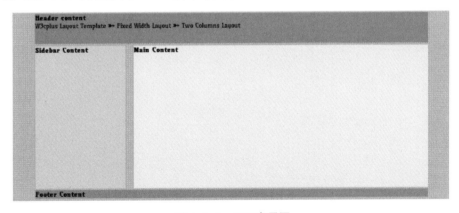

图 4-4-4　DIV 布局图

三、简答题

1. 简述盒子模型。
2. 什么是网站重构？
3. 简述网站发布、运营维护的工作内容。
4. 网站的需求分析一般应包括哪几个方面？

附录 网页评价标准

一级序号	一级指标	二级序号	二级指标	分值
1	需求分析充分，栏目设置合理，功能完善（15%）	1	调研对象完备，文档齐全，功能无遗漏	4
		2	主栏目/子栏目名称简洁，个数合理，层次分明	4
		3	各栏目归类明确、恰当，内容无交叉、无歧义	3
		4	有通用栏目，如日期显示/加入收藏/设为首页/联系方式/友情链接等	2
		5	主页、子页导航相同，方便浏览	2
2	主题鲜明，能体现网站功能（15%）	6	主要栏目位置显著，一目了然	5
		7	主页内容紧扣主题，充分表达客户愿望	6
		8	主页内容从上向下、从左向右轻重有序，层次感强	4
3	页面布局(排版)美观大方，有个性（16%）	9	排版风格能体现行业特点，清新、大气、个性	5
		10	栏间距、行间距、图文间距恰当，图标、线条精致	4
		11	排版规范，各区域所占大小符合美学原理	4
		12	文字（含标题）的字体、字号、字色运用科学，前景色/背景色互映生辉	3
4	色彩搭配合理，能表现主题，特色鲜明（16%）	13	色彩选择科学，主色彩能充分体现网站主题	6
		14	主色/辅色搭配合理，轻重适宜，过度自然	6
		15	主页/子页色调统一，无太大反差	4
5	多媒体元素运用得当，网络传输运行速度快（12%）	16	多媒体元素个数恰当，能传达主题，文件格式正确	3
		17	图片清晰，大小适度	3
		18	动画精美，赏心悦目	3
		19	视频播放流畅	1
		20	网页特效不求多，但求合理	2
6	操作方便，适用于不同人群（8%）	21	页面长度、宽度适宜	2
		22	链接恰当（页内/页间链接，文字/图片链接等）	3
		23	栏目区别布置（隐式/明式，文字/图片，文字/表格），输入/输出界面选择体现人性化	3

一级序号	一级指标	二级序号	二级指标	分值
7	方便后期开发与维护（8%）	24	页面不过度复杂，方便后台管理	2
		25	页面顶部、底部、菜单和若干通用模块以文件方式代码共用	2
		26	各栏目内容、各多媒体元素动态管理	2
		27	数据库、开发语言选择合理，注重跨平台性、安全性、快捷性，方便升级	2
8	内容健康、正确、合法，链接准确（10%）	28	文字、标点、格式正确	3
		29	文字内容、图片内容健康、合法	3
		30	链接准确，被链接对象亦符合本项要求	4
合计	一级指标 8 条		二级指标 30 条	100

参考文献

互联网教程

[1] http：//baike.baidu.com/view/6825.htm?fr=Aladdin.

[2] http：//zh.wikipedia.org/wiki/web.

[3] http：//www.w3cschool.cn（特别推荐）.

[4] http：//www.icourses.cn/coursestatic/course_3994.html.

[5] http：//www.xin3721.com/eschool/HTML21hulian .

[6] http：//www.16sucai.com/psd/mb/.

[7] http：//www.68design.net/.

[8] http：//www.mofang.cn/.

[9] http：//www.68web.net/.

[10] http：//www.shuwon.com/.

[11] http：//www.poluoluo.com/jzxy/txtx/photoshop/wysj/Index.html.

[12] http：//www.zhubajie.com/wzkf/.

[13] http：//www.cndns.com/cn/webnew/anli/.

[14] http：//www.68web.net/.

[15] http：//www.shuwon.com/.

[16] http：//www.blueidea.com/tech/web/2008/6262.asp.

[17] http：//baike.baidu.com/link?url=61vUy6AS4-JgGbcrbHW--w-8LhznqwFvc8
      Ps0LgmA47aR7pnB3FxKhq9NulSDWZlNFfjpUI12E5K43TzfTmUE_.

参考教材

[18] 冯雪飞，朱国华. 网页开发与网站发布[M]. 南京：南京大学出版社，2008.

[19] 何新起. 网站建设与网页设计从入门到精通[M]. 北京：人民邮电出版社，2013.

[20] 陈东生. 网页设计[M]. 北京：龙门书局，2014.

[21] Dave Shea. CSS 禅意花园（修订版）[M]. 北京：清华大学出版社，2009.

[22] 喻浩. CSS+DIV 网页样式与布局从入门到精通[M]. 北京：清华大学出版社，2013.

[23] [美] RichardYork. CSS 入门经典[M]. 北京：清华大学出版社，2014.

[24] [美] Eric A.Meyer. CSS 权威指南[M]. 北京：中国电力出版社，2013.

[25] 殷辛，段芸，陈逢华. 网页设计[M]. 武汉：华中科技大学出版社，2012.

[26] 王爽. 网站设计与网页配色[M]. 北京：科学出版社，2013.

[27] 崔建成. 网页美工[M]. 北京：电子工业出版社，2010.

[28] 郑耀涛. 网页美工实例教程[M]. 北京：高等教育出版社，2010.

[29] 邓文达. 美工神话 Dreamweaver+Photoshop+Flash 网页设计与美化[M]. 北京：人民邮电出版社，2009.

[30] 张勇强. 平面创意设计指南系列：网页美工[M]. 北京：化学工业出版社，2007.

[31] 王敏杰. 网页前端技术[M]. 北京：水利水电出版社，2012.

[32] 杜永红. 网站规划与网页设计[M]. 北京：清华大学出版社，2013.

[33] 张兵义. 网站规划与网页设计[M]. 北京：电子工业出版社，2013.

[34] [美] Jeffrey Zeldman 著. 网站重构[M]. 傅捷，王宗义，祝军，译. 北京：电子工业出版社，2005.

[35] 林小芳. 电子商务网站开发与设计[M]. 北京：北京交通大学出版社，2009.